W0055919

Stb

Linda Auer, Jahrgang 1960, machte sich nach einer Ausbildung als Einzelhandelskauffrau selbstständig und arbeitete jahrelang sehr hart, bis sie 2003 ohne jede Vorwarnung krank wurde. Insgesamt wurde sie vier Mal am Gehirn operiert, hatte mehrere Schlaganfälle und wurde einmal reanimiert. Nach diesem Nahtoderlebnis änderte sich ihr Leben radikal. Sie lebt nun bewusster, entdeckte für sich das Schreiben und lebt heute mit ihrer Familie in Bayern.

Die Autorin berichtet, wie sie durch ein Aneurysma im Gehirn plötzlich aus ihrem geordneten Leben gerissen wird. Durch ein Nahtoderlebnis erhält sie Einblick in jene „andere Welt" und gibt auf einfühlsame und anschauliche Weise ihre Eindrücke an den Leser weiter.

Zudem geht es im vorliegenden Buch um Wahrträume und Erscheinungen, die die Autorin beschreibt, um dem Leser, der eventuell ähnliche Erfahrungen gemacht hat, Mut zu machen, darüber mit anderen ins Gespräch zu kommen.

Linda Auer

Die Augen meiner Seele

Kontakt mit Verstorbenen

Originalausgabe
© 2010 Schirner Verlag, Darmstadt

ISBN 978-3-89767-680-0

1. Auflage 2010

Umschlaggestaltung: Murat Karaçay, Schirner
Bilder: Klaus Holitzka
Redaktion und Satz: Heike Wietelmann, Schirner
Printed by Reyhani Druck & Verlag, Darmstadt, Germany

www.schirner.com

Inhaltsverzeichnis

Für meine Familie
und alle,
die mir in meiner schweren Zeit
geholfen haben

Vorwort

Ich wurde 1960 geboren, bin verheiratet und habe zwei erwachsene Kinder sowie zwei Enkelkinder.

Ursprünglich hatte ich nie vor, ein Buch über meine Erlebnisse zu schreiben. Das ergab sich erst mit der Zeit, als ich feststellte, um welch ein brisantes Thema es sich handelt.

Ich stand mitten im Leben, gab immer hundert Prozent und war für alle da, als mich plötzlich eine schwere Krankheit aus meinem bisher so gut funktionierenden Leben riss. Ich hatte ein Nahtoderlebnis und konnte mich lange Zeit keinem Menschen anvertrauen – aus Angst, für verrückt gehalten zu werden. Es fällt nicht leicht, mit jemandem darüber zu sprechen, der so etwas noch nicht erlebt hat.

Im Laufe der letzten Jahre ergab sich dann immer öfter die Gelegenheit, mich mit anderen Menschen auszutauschen, und mir wurde sehr oft Verständnis entgegengebracht. Zu meiner Überraschung bekundete man zum Teil sogar großes Interesse, viele Gesprächspartner hinterfragten meine Erlebnisse auf das Genaueste und stellten etliche Fragen: Wie ist das so, wenn man tot ist? Was sieht man? Fühlt man etwas?

Bei der Fülle an Gesprächen fanden sich auch immer wieder Menschen, die Ähnliches erlebt hatten und sich mir ihrerseits mitteilten …

Seit meinem Nahtoderlebnis hat sich mein Leben stark verändert. Ich lebe erheblich bewusster und freue mich über jeden neuen Tag, den ich erleben darf.

Eine der gravierendsten Auswirkungen war, dass sich mit der Zeit auch immer häufiger sogenannte Wachträume einstellten. Ich sah oder fühlte Dinge voraus, die einige Wochen später tatsächlich eintrafen. Natürlich dachte ich darüber nach, ob dies mit meinem Nahtoderlebnis zusammenhängen könnte. In diesen Wachträumen ging es nie um meine Familienmitglieder oder Freunde, sondern um mir meist völlig unbekannte Menschen, mit denen ich zuvor noch nie etwas zu tun gehabt hatte, die aber allesamt Hilfe brauchten. Also versuchte ich immer zu helfen, was mir auch meistens gelang. Ich freute mich, wenn ich Beistand leisten konnte, denn auch mir gab es jedes Mal neue Kraft und Lebensmut.

Daher hoffe ich auch, mit diesem Buch einige Fragen beantworten zu können und Menschen, die vielleicht Ähnliches erlebt haben, Mut zu machen.

Normalerweise bin ich ein Mensch, der nur glaubt, was er sieht, und daher hätte ich nie gedacht, dass mir so etwas passieren könnte. An all diese Dinge, die mir widerfahren sind, hätte ich nie glauben können, wenn ich sie nicht selbst erlebt und gelebt hätte.

Oft habe ich mir überlegt, warum gerade ich für solche Erlebnisse ausgesucht worden bin, und nicht ein anderer Mensch, der wirklich an so etwas glaubt, aber genau das wird wohl der springende Punkt dabei sein.

Es gibt viele Dinge zwischen Himmel und Erde, die sich nicht erklären lassen, und die doch da sind. Es ist schwierig, darüber zu sprechen, denn man muss immer befürchten, dass einen die meisten für verrückt oder geisteskrank halten werden. Aber es gibt in der Tat viele Menschen, die das Glück hatten, eine Nahtoderfahrung machen zu dürfen. Die meisten von ihnen haben ihr Leben positiv verändert und es wieder zu schätzen gelernt. Ich habe mit einigen gesprochen und etliche Gemeinsamkeiten festgestellt.

Darauf werde ich später noch ausführlicher eingehen.

Ich weiß, dass es nach dem Leben auf dieser Erde noch etwas anderes gibt – Dinge, die man fast nicht erklären kann. Mir wurde das Glück zuteil, schon einmal einen Blick in diese Welt werfen zu dürfen.

Ich beginne nun einfach einmal, meine Erlebnisse niederzuschreiben und würde mich freuen, wenn der eine oder andere vielleicht Ähnlichkeiten zu seinem Leben bzw. seinen Erfahrungen erkennt und so den Mut bekommt, mit anderen darüber ins Gespräch zu kommen.

Reise ins Jenseits

Die Augen meiner Seele

Meinen Mann lernte ich bereits mit sechzehn Jahren kennen. Er war im gleichen Alter, sah mit seinen dunklen Haaren und dem Schnauzbart aber schon aus wie achtzehn. Bei mir war es Liebe auf den ersten Blick, er brauchte etwas länger, bis ich ihn überzeugt hatte. Kurz zuvor war er von einem Mädchen enttäuscht worden und wollte eigentlich noch nicht gleich eine neue Freundin. Es dauerte etwa zwei Wochen, dann waren wir ein Paar. Wir hatten eine schöne Teenagerzeit, gingen beide unserer Arbeit nach und machten unsere Ausbildungen. Mit neunzehn wurde ich schwanger und wir beschlossen, uns eine kleine Wohnung zu suchen und zu heiraten. Wir waren noch sehr jung, doch wir liebten uns und wollten unser eigenes Leben leben. Es war eine kleine Wohnung in einem älteren Haus, ohne irgendwelchen Luxus, den wir uns ohnehin nicht hätten leisten können, da mein Mann zu dieser Zeit noch seinen Dienst bei der Bundeswehr ableistete. Sein Sold und mein Mutterschaftsgeld reichten fast nicht. Gott sei Dank unterstützten mich meine Eltern. Als unser Sohn geboren wurde, war unser Glück vollkommen. Wir waren sehr stolz auf unsere kleine Familie, mussten aber auch schon viel Verantwortung tragen. Es war eine schöne, aber teilweise auch schwere Zeit. Verwandte hatten uns gut erhaltene Möbel geschenkt und auch anderweitig geholfen. Unsere kleine 55-Quadratmeter-Wohnung wurde ein richtig gemütliches Nest und wir fühlten uns wohl. Wir waren sehr glücklich, wenn es auch am Anfang ab und zu Streitigkeiten und Schwierigkeiten gab – wie überall. Wenn ich heute zurückdenke, war es eine tolle Zeit und ich würde alles wieder so machen.

Wir wünschten uns zwei Kinder und nach drei Jahren wurde ich wieder schwanger. Obwohl unsere Wohnung nun zu klein war, waren wir weiterhin zuversichtlich, dass wir es irgendwie schaffen würden.

Meine Großmutter stirbt

Am Geburtstag meiner Großmutter backte ich Apfelnudeln und wollte zu ihr fahren, um sie zu überraschen. Ich wusste, dass sie sich sehr über unseren Besuch freuen würde.

Die Apfelnudeln waren fertig und ich rief an, um ihr zu sagen, dass ich am Nachmittag mit meinem Sohn vorbeikommen wollte.

Meine Mutter nahm den Hörer ab und teilte mir die traurige Nachricht mit, dass meine Lieblingsoma vor etwa einer Stunde an Herzversagen gestorben war. Sie hatte nicht leiden müssen, sondern war ganz plötzlich, während eines Telefonates, bei dem sie Geburtstagsglückwünsche entgegengenommen hatte, zusammengebrochen.

Ich musste heftig weinen und warf mir immer wieder vor, dass ich sie nicht früher angerufen hatte. Mir schossen tausend Gedanken durch den Kopf. Warum musste sie gerade an ihrem 76. Geburtstag sterben? Warum hatte ich sie nicht mehr sehen können? Sie hatte sich doch schon so auf unser zweites Baby gefreut, und jetzt durfte sie nicht einmal mehr seine Geburt erleben.

Weil ich unserem Kind in meinem Bauch mehr Ruhe gönnen musste und unser Sohn auch nicht unter meiner ständigen Traurigkeit und Heulerei leiden sollte, versuchte ich, nicht die Nerven zu verlieren.

Die Beerdigung nahm mich sehr mit, denn ich hatte einen meiner liebsten Menschen verloren. Meine Großmutter war für mich wie eine Ersatzmama gewesen, da sie mich in den ersten drei Jahren meines Lebens, als meine Mutter schon wieder arbeiten gegangen war, aufgezogen hatte.

Unsere Bindung war immer sehr eng gewesen. Von meiner Schwangerschaft hatte ich zuerst meiner Oma erzählt, dann erst meiner Mutter. Das soll nicht heißen, dass ich meine Mutter weniger liebe, aber meine Oma war für mich immer etwas Besonderes gewesen. Sie hatte mich immer verstanden und ich hatte ihr immer alles anvertrauen können. Sie war für mich dagewesen und hatte mir in früher Kindheit viel beigebracht. Dafür war ich ihr immer dankbar gewesen und hatte sie sehr geliebt.

Umzug in die Vergangenheit

Nach der Beerdigung bot uns mein Onkel an, in die Wohnung meiner Großmutter zu ziehen. Für ihn käme das aus geschäftlichen Gründen vorerst nicht in Frage und wir hätten Platz für unser zweites Kind. Er meinte, dass Oma sich bestimmt darüber gefreut hätte.

Es handelte sich um ein Dreifamilienhaus. Die Wohnung lag im Parterre und war doppelt so groß wie unsere vorherige. Die oberen Wohnungen waren vermietet. Der ausgedehnte Garten sollte von mir gepflegt werden, im Gegenzug vereinbarten wir eine günstige Miete. Mein Mann hatte zwar einen längeren Weg zur Arbeit, aber da er die ganze Woche auf Montage war und nur am Wochenende zweimal diese Strecke fahren musste, konnten wir damit leben. Wir überlegten sehr gründlich und entschieden uns, das Angebot meines Onkels anzunehmen.

Wir richteten uns gemütlich ein und fühlten uns schnell wohl. Als unsere Tochter dann zur Welt kam, war unser Glück perfekt. Unsere Entscheidung bereuten wir nicht, obwohl mich natürlich vieles an meine Großmutter erinnerte. Ich musste oft an sie denken, und schöne Erinnerungen an meine Kindheit, wenn ich die Ferien bei meinen Großeltern verbracht hatte, kamen immer mal wieder hoch.

Sie hatten einen kleinen Bauernhof mit Kühen, zwei Schweinen, Hühnern, Enten und zwei Pferden gehabt. Ich hatte immer mithelfen dürfen und war der Mittelpunkt gewesen, was ich natürlich sehr genossen hatte. Mein Opa starb nach häufigen Krankheiten sehr früh, er hatte Asthma und Probleme mit Leber und Lunge gehabt. Meine Oma war erstaunlich gut damit zurechtgekommen, als er gestorben war. Sie hatte mir immer gesagt, dass er ihr zwar sehr fehle, dass er aber nun erlöst sei von seiner schweren Krankheit und es ihm nun ganz sicher besser gehe.

Es waren also wirklich schöne Erinnerungen an meine Kindheit. Es machte mich zwar traurig, dass meine Großeltern nicht mehr da waren, aber dafür hatte ich ja jetzt meine eigene Familie.

Rückkehr aus dem Jenseits

Wir lebten schon einige Zeit in der neuen Wohnung, als ich eines Abends meine erste Seelenerfahrung hatte. Ich war mit den Kindern allein zu Hause und hatte mich gerade hingelegt und war dabei, ein kleines Gebet zu sprechen. Ich war und bin nicht der fleißige Kirchgänger, habe aber meinen Glauben. Mir gefiel mein Abendgebet, ich tat es von klein auf gerne.

Nachdem ich mein Gebet beendet hatte aber noch wach war, sah ich in der Ecke des Schlafzimmers meine Oma stehen. Ich erschrak. Sie bewegte sich ein wenig, verweilte aber in dieser Ecke. Sie lebt! Ich glaubte, ich sei psychotisch und traute mich gar nicht, mich zu bewegen oder zu atmen. Meine Angst war groß, wusste ich doch, dass sie tot war. Ich schloss meine Augen und hoffte, dass sie verschwinden würde. Doch als ich meine Augen wieder öffnete, war sie noch immer da. Ich blinzelte noch einige Male, aber ohne Erfolg. Meine Großmutter stand nach wie vor an demselben Platz. „Was soll das?", dachte ich und schon sprach meine Oma zu mir. Es waren Worte, die als Gedanken weitergegeben und von mir aufgenommen wurden. Darauf, wie das möglich ist, werde ich aber später noch ausführlicher eingehen. Man zweifelt fast am eigenen Verstand, aber es ist möglich. Heute weiß ich, wie es funktioniert und wie man damit umgehen kann, ohne befürchten zu müssen, verrückt zu werden.

Es war unglaublich, wie sie da stand in ihrer bayerischen Tracht. Sie sah sehr gut aus, zufrieden und glücklich, besser als zu Lebzeiten. Ich fürchtete mich davor sie anzuschauen, aber ich empfand auch große Freude. Dieses Gefühl kann ich gar nicht beschreiben, es war einzigartig.

Sie wirkte ausgesprochen lebendig, wie sie so dastand und mir zulächelte. Sie gab mir Ratschläge für den nächsten Tag, wie ich was erledigen sollte, welche Blumenzwiebeln ich wo hinsetzen sollte, was ich im Garten abschneiden und kompostieren sollte. Sie sprach sehr ruhig und freundlich zu mir.

Sie gab mir auch regelrechte Anleitungen für all jene Dinge, bei denen ich noch etwas unsicher war. Ich erschrak über mich selbst, als ich laut „Ja!" sagte. „Jetzt spinne ich schon und unterhalte mich mit Toten", dachte ich. Erst viele Jahre später wurde mir der Sinn dieser Begebenheiten klar.

Am nächsten Tag tat ich alles so, wie meine Großmutter es mir gesagt hatte, und es war gut so. Sie sollte mir in Zukunft noch viele solcher nützlichen Ratschläge geben, die sich im Nachhinein als gut und richtig erweisen sollten. Ich hatte vorher keine Ahnung von den vielen Blumen und Sträuchern in unserem Garten gehabt, ja noch nicht einmal ihre Namen gekannt. Unter der Führung meiner Großmutter lernte ich sehr viel und wurde immer sicherer.

Ich brauchte kein Gartenbuch, denn alles, was ich brauchte, erfuhr ich von meiner Oma. Ich freute mich, dass nun alles so gut klappte und herrlich gedieh. Einmal sagte sie mir sogar, was ich einwecken, entsaften und einfrieren sollte. Bis dahin hatte ich keine Ahnung gehabt, was ich mit all den Früchten anfangen sollte. Plötzlich wusste ich, was wie zu tun war. Für mich war es sehr viel Arbeit. Unsere Kinder, damals vier Jahre beziehungsweise sechs Monate alt, durften auch nicht vernachlässigt werden. Ich wollte doch auch eine gute Mutter und Ehefrau sein.

Unser Sohn ging in den Kindergarten. Ich brachte ihn morgens dorthin und holte ihn mittags wieder ab. Unsere Tochter hatte ich immer dabei, sie war auch mit im Garten und schaute mir angeregt zu, wenn ich dort die mir von Oma aufgetragenen Arbeiten verrichtete.

Da mein Mann auf Montage war und nur am Wochenende heimkam, bekam er von alldem nichts mit.

Manchmal kam meine Großmutter bis zu dreimal in der Woche zu mir, mindestens aber einmal – und ich konnte mit niemandem darüber sprechen. Meine Angst, wahnsinnig zu werden, wurde immer größer. Die nächtlichen Besuche zogen sich über ein Jahr hin. Ich fürchtete mich schon, ins Bett zu gehen, denn irgendetwas konnte ja nicht mit mir stimmen. Etwa ein Jahr später hielt ich es nicht mehr aus und bat meinen Mann, sich eine andere Arbeit zu suchen, bei der er jeden Abend zu Hause sein würde. Ich wollte nicht mehr allein sein. Wenn mein Mann am Wochenende daheim war oder Urlaub hatte, blieben die nächtlichen Besuche aus. Wenn sie aber einmal erscheinen würde, wenn mein Mann dabei war, hätte ich wenigstens für mich die Gewissheit, nicht verrückt zu sein.

Mein Mann verstand natürlich nicht, warum er sich eine andere Arbeit suchen sollte und wollte den Grund dafür wissen. Ihm gefiel seine Arbeit und er verdiente auch nicht schlecht. Also erzählte ich ihm von meinen Wach- oder Tagträumen, wie ich sie nannte. Denn ich schlief ja nicht, wenn ich das alles sah oder hörte, ich lag nur ruhig im Bett und wartete schon regelrecht auf sie. Wenn meine Großmutter dann aber nicht erschien, war mir das auch nicht recht, denn trotz meiner Angst vermisste ich sie auch irgendwie.

Unerwartetes Verständnis

Anders als erwartet, hörte mein Mann mir, als ich ihm von den unheimlichen Besuchen und meiner Angst erzählte, aufmerksam zu. Er war nicht der Meinung, dass ich verrückt sei, aber er fand für all das auch keine Erklärung. Er nahm mich in den Arm und ich war erleichtert, denn wenigstens wusste er jetzt von meinem Geheimnis. Er verstand meine Angst und versprach, sich eine andere Arbeit zu suchen. Zudem überlegten wir, eventuell auch in eine neue Wohnung zu ziehen.

Mein Mann fragte, ob es vielleicht all die vielen Erinnerungen in der Wohnung oder dem Garten waren oder ob ich mir das alles vielleicht nur einbildete. Er wusste es ja auch nicht, wollte mir aber irgendwie aus meiner Angst und Verzweiflung helfen.

Er gab mir den Rat, dass ich, wenn meine Oma das nächste Mal käme, ihr von meiner Angst erzählen und sie fragen sollte, warum sie mich besuche, wo sie sei, was sie dort tue, wer da noch alles sei und wie es dort aussehe. Vielleicht würde mir das ja helfen. Genauso wollte ich es machen und begann, schon richtig neugierig auf ihre Antworten zu werden.

Ich wartete schon sehnsüchtig darauf, dass sie mir wieder erschien, doch diesmal ließ sie sich über zwei Wochen Zeit. Es war, als ob sie gewusst hätte, dass ich auf sie wartete.

Eines Abends kam sie dann, hatte ein wunderschönes bayerisches Trachtenkleid an, wie man es heute nur noch auf Festen oder Umzügen bestaunen kann, sah blendend aus, hatte rosa Wangen und die Haare mit silbernen Kämmen aufgesteckt. Sie lächelte mich an und sagte: „So, jetzt weißt du alles, du machst das gut. Ich gehe nun, meine Zeit ist da und ihr braucht mich nicht mehr." Ich konnte kein Wort herausbringen, mir steckte ein richtiger Kloß im Hals.

Was ich aber dann sah, werde ich, solange ich lebe, nicht vergessen. Diese wunderschönen, einzigartigen Bilder werden für immer in meinem Herzen bleiben.

Das Traumland im Jenseits

Ich sah ein großes, schmiedeeisernes, schwarzes Tor mit Rosen und vielen Verzierungen. Es hatte die Form eines Bogens, der sich in der Mitte teilte und langsam öffnete. Dahinter erschien ein helles, sehr helles, aber angenehmes Licht. Meine Großmutter ging ruhig auf das Tor zu, drehte sich noch einmal um, lächelte mir ein letztes Mal zu und hob dabei ihre Hand wie zum Gruß. Sie sagte nichts mehr, lächelte nur und ging bedächtig weiter. Meine Kehle war trocken und ich fühlte, dass dies der Abschied für immer war.

Was ich dann sah, war wunderschön. Niemals zuvor hatte ich so etwas Außergewöhnliches erblickt: Hinter dem Tor tauchte ein Tal auf. In der realen Welt habe ich schon einige sehr schöne Landschaften und Orte kennengelernt. Aber hiermit war nichts vergleichbar. Alles war in sanftes Licht getaucht, eine idyllische Landschaft, friedlich und gleichmäßig, mit kleinen, altertümlichen Häuschen. So viel Natur, so viel Ruhe, ich kann es fast nicht beschreiben.

Jedes der Häuschen hatte einen kleinen Garten mit allerlei wunderschönen Blumen Astern und Rosen, Iris, große Margeriten und eine Art blauer Lilien, der von einem grauen Gartenzaun umgeben war.

Ein Weg, mit Kieselsteinen bestreut, führte zur hölzernen Haustür. Daneben stand eine kleine, einfache Holzbank, auf der für zwei Personen Platz war. Es war alles so natürlich, so behaglich und bezaubernd.

Meine Großmutter ging durch das Tal und hielt am ersten Haus an, vor dem ein großer, dunkelhaariger, sehr schlanker Mann stand. Ich konnte ihn genau sehen, erkannte ihn aber nicht, es war ein Fremder. Er sah sie traurig an, sprach aber nicht mit ihr.

Sie schaute ihn ebenfalls an, blieb stehen und ging dann langsam weiter, ohne sich nochmals umzudrehen. Beim nächsten Haus stand am Gartentor mein vor zehn Jahren verstorbener Opa. Ich hatte ihn gleich erkannt, auch er sah gut und glücklich aus. Warum sahen sie besser aus als zu Lebzeiten? Ich konnte das gar nicht glauben. Sie waren alle so schön gekleidet, fast wie bei einer Hochzeit, aber keiner trug die Kleidungsstücke, mit dem er in den Sarg gelegt worden war. Meine Oma blieb am zweiten Haus stehen, lächelte und ging zusammen mit meinem Opa in das Haus hinein.

Das konnte doch nur der Himmel oder das Paradies sein, wenn es dort so wunderschön war und alle so glücklich aussahen. Mir liefen jetzt Tränen über die Wangen. War es die Gewissheit, dass es den Verstorbenen gut ging? Ich weiß es nicht, doch diese Szene ergriff mein Herz.

Das Licht wurde immer schwächer, als ob es gedämmt würde. Dann schloss sich das große Eisentor langsam und es wurde dunkel. Erst jetzt bemerkte ich, dass ich ganz starr war, weil ich mich nicht getraut hatte, mich zu bewegen. Ich wischte meine Tränen weg und fühlte mich irgendwie gut.

Ich hatte meiner Großmutter noch so viele Fragen stellen wollen, aber sie war fort. In den kommenden Jahren versuchte ich alles Mögliche, um wieder mit ihr in Kontakt zu treten. Es funktionierte nicht – egal, was ich auch versuchte. Ich besuchte ihr Grab, wenn es mir nicht gut ging oder ich Hilfe brauchte, konzentrierte mich auf sie und sprach Gebete, schaute Fotos an, dachte an meine Kindheit – es half nichts, sie kam nicht und schien mich auch nicht zu hören.

Aber ich hatte die Gewissheit, dass es meinen Großeltern gut ging, und diese wunderschönen Bilder und Erinnerungen von meinem Traumland im Jenseits konnte mir keiner mehr nehmen. Dafür war ich dankbar.

Dass ich keinen Kontakt mehr zu meiner Großmutter aufnehmen konnte, erklärte ich mir so, dass nur die Seelen aus dem Jenseits mit der unsrigen Welt Kontakt aufnehmen, die keine Ruhe finden, bis sie alles richten oder erledigen konnten, was sie im Leben nicht mehr geschafft hatten. Darüber war ich traurig, aber gleichzeitig auch froh, denn dann war es ja ein gutes Zeichen, wenn meine Großmutter sich nicht mehr bei mir meldete.

Einige Zeit später hatte mein Onkel dann die Möglichkeit, in das Haus meiner Großmutter zu ziehen. So zogen wir aus und ich war froh darüber, alles hinter mir lassen zu können.

Erinnerungen an damals

Wir zogen also in das Dorf, in dem auch meine Eltern wohnten. Das war von daher praktisch, dass wir ihnen so öfter zur Hand gehen konnten. Sie hatten einen Bauernhof, auf dem es natürlich immer viel zu tun gab.

Irgendwann einmal, einige Jahre später, erzählte ich meiner Mutter, als wir gerade über meine Kindheit und meine Großeltern sprachen, von meinen Wachträumen. Es fiel mir zunächst sehr schwer, ich berichtete dann aber doch von den vielen Besuchen meiner verstorbenen Großmutter, von ihren Ratschlägen und allem anderen. Meine Mutter hörte mir aufmerksam zu und unterbrach mich nicht. Ich sagte: „Mutter, ich bin nicht verrückt, glaub' es mir."

Als ich von dem Tal, meinem „Traumland im Jenseits", erzählte, begann sie zu zittern. Ich beschrieb alles ganz genau, auch den dünnen Mann mit Vollbart und den dunklen Augen, bei dem Oma kurz stehengeblieben war. Als ich bemerkte, wie erregt meine Mutter war, traute ich mich fast nicht mehr, weiterzureden und fragte, ob ich aufhören solle. „Nein", sagte sie, stand wortlos auf und ging. Ich war ratlos, meine Mutter hielt mich bestimmt für irrsinnig, sonst wäre sie nicht so einfach aufgestanden und gegangen. Es war also doch ein Fehler gewesen, mit ihr darüber zu reden. Nach einigen Minuten kam sie mit einem alten Schwarzweißfoto zurück, legte es vor mich auf den Tisch und fragte: „War das dieser Mann am ersten Haus, bei dem Oma stehen geblieben war?" Ich erschrak, denn er war es. „Woher hast du dieses Bild?", wollte ich wissen. „Das war Omas erster Mann, der im Krieg gefallen ist, und dies ist wahrscheinlich das einzige Bild, das es von ihm gibt", erklärte meine Mutter. Sie war richtig schockiert von meiner Erzählung und wollte alles noch einmal ganz genau wissen. Damit wollte sie mir sicher auch indirekt zu verstehen geben, dass sie mir glaubte, aber nicht verstand, wie so etwas sein kann. Ehrlich gesagt hätte ich es wahrscheinlich auch nicht geglaubt, wenn ich es nicht selbst erlebt hätte.

Damals wusste ich allerdings nicht, dass dieses Erlebnis erst der Anfang war und noch viel größere Dinge auf mich warteten. Klar war mir zu diesem Zeitpunkt allerdings schon, dass es sich bei meinen Reisen in jenes „Traumland im Jenseits" um keine Halluzinationen handeln konnte, denn wie hätte ich dann den längst verstorbenen ersten Mann meiner Großmutter sehen können?

Kontakt mit dem Jenseits

Die Jahre vergingen, unsere Kinder wurden groß und ich begann wieder zu arbeiten. Wir bauten ein eigenes Haus und mussten viel arbeiten, um unsere Schulden tilgen zu können.

Ich hatte mich selbstständig gemacht, war jeden Tag 16 Stunden auf den Beinen und das sieben Tage die Woche. Vom Ehrgeiz getrieben, arbeitete ich fast rund um die Uhr, versorgte die Familie, kochte, putzte, kümmerte mich um den Garten und die Wäsche und besuchte meine Kunden im Außendienst. Mein Mann und die Kinder halfen mir viel, sonst wäre das alles sowieso nicht möglich gewesen. Wenn ich heute zurückdenke, weiß ich, dass es so nicht auf die Dauer hätte weitergehen können. Ich war wie ein Motor, der Tag und Nacht lief und nie abgeschaltet wurde.

So kam es, dass ich mich mit der Zeit leer und ausgepumpt fühlte. Da ich gar nicht mehr entspannen und zur Ruhe kommen konnte, nahm ich mir, als mein Mann auch gerade Urlaub hatte, ein paar Tage frei.

An einem unserer Urlaubstage hatte mein Mann die Idee, frische Butterbrezen beim Bäcker zu holen und bei meiner Schwester ein zweites Frühstück einzunehmen. Meine Schwester freute sich sehr über unseren Besuch, kochte Kaffee, und wir ließen es uns so richtig gut gehen. Es war herrlich und ich genoss es in vollen Zügen, einmal gar nichts tun zu müssen.

Am späten Vormittag verabschiedeten wir uns dann, da wir noch etwas für das Mittagessen einkaufen mussten. Als ich aufstand, wurde mir ganz merkwürdig zumute. Meine Schwester fragte mich, ob ich mich hinlegen wolle oder einen Arzt brauche. Ich verneinte, weil ich hoffte, dass es mir gleich wieder besser gehen würde. In diesem Moment hatte ich dann das Gefühl, als ob mein Kopf vor Schmerzen zerspringen würde. Ich musste mich übergeben und hielt mich an der Toilette fest. Mein Mann und meine Schwester legten nasse Handtücher auf meinen Kopf, weil sie dachten, ich hätte Kreislaufprobleme und niedrigen Blutdruck. Später erfuhr ich, dass sie mir dadurch das Leben gerettet hatten.

Zu Hause zog ich mich mithilfe meines Mannes um und legte mich auf die Couch. Gegen meinen Willen rief mein Mann unseren Hausarzt an und schilderte ihm meine Symptome. Kurz darauf traf der Arzt ein, gab mir eine Spritze und sagte meinem Mann, dass ich dringend ins Krankenhaus sollte, da er einen Verdacht auf Meningitis oder eine Hirnblutung hatte.

Ich wollte auf keinen Fall ins Krankenhaus, wie ich aber dennoch dort eingeliefert wurde, weiß ich nur noch aus Erzählungen. Als ich meine Augen wieder öffnete, lag ich im Krankenbett auf der Intensivstation, mit vielen Schläuchen an mir, einem dicken Verband am Kopf und schrecklichen Schmerzen. Ich war unglaublich müde und verwirrt. Die Ärzte und mein Mann erklärten mir, dass ich ein Aneurysma, eine geplatzte Ader, im Gehirn hatte und sechs Stunden lang operiert worden war. Es war ein Wunder, dass ich noch am Leben war. Da meine Schwester und mein Mann mir die kalten, feuchten Tücher über Kopf und Stirn gelegt hatten, war die Hirnblutung gestillt worden, was dann die rettende Notoperation möglich gemacht hatte.

Aber was nun kam, war die Hölle: Trotz starker Medikamente hatte ich wahnsinnige Kopfschmerzen. Zudem konnte ich keinen klaren Gedanken fassen und mir somit weder über die Familie noch über mich selbst Gedanken machen. Die Ärzte waren sehr ehrlich zu mir und gaben mir fast täglich – und das 21 Tage lang – zu verstehen, dass ich die anstehende Nacht wahrscheinlich nicht überleben würde und fragten, was mein letzter Wunsch sei. Ich wünschte mir mal einen Fruchtjoghurt, mal Obst, einmal sogar ein paar Schluck Bier, lauter einfache Dinge, nichts Großartiges. Sie legten mir auch nahe, mit einem Priester zu sprechen, aber dagegen verwahrte ich mich vehement. Ich verspürte große Angst davor, vielleicht, weil es mir zu endgültig vorkam, ich weiß es nicht.

Während dieser 21 Tage hatte ich noch drei Schlaganfälle – und wahnsinniges Glück, dass jedes Mal die

Ärzte gleich das Richtige taten und mich sehr schnell und gut versorgten. Ich bat die Ärzte immer wieder, mich doch endlich in Ruhe zu lassen, da ich das alles nicht mehr aushielt. Zu dieser Zeit wollte ich am liebsten tot sein.

Auch für jene Nacht hatten die Ärzte prognostiziert, dass ich eventuell sterben könnte – und in dieser Nacht sollte es auch so sein.

Meine Schmerzen waren unerträglich. Und dann stand, ganz plötzlich, meine Großmutter vor mir. Alles war ganz hell und ruhig.

Sie sah blendend aus und lächelte mich an, streckte mir ihre Hand entgegen, die ich gerne nahm, um ihr folgen zu können. Ich fühlte, wie meine Seele meinen Körper verließ. Es war ein unbeschreibliches Gefühl der Leichtigkeit – leicht wie eine Feder. Keine Angst – kein Gedanke an die Kinder, meinen Mann, meine Eltern oder Enkelkinder. Ich dachte gar nichts, mich überkam ein Gefühl großer Gelassenheit und Ruhe, ich schwebte in ein helles, unbeschreiblich warmes, angenehmes Licht, das wie ein Weg oder Tunnel wirkte. Es gibt auf Erden nichts, das man damit vergleichen könnte. Es war so schön und ich fühlte gar nichts mehr, keine Schmerzen, keine Zeit, keine Kälte – nur unendliche Ruhe.

Es war so schön, dass ich dort bleiben wollte, doch plötzlich wurde ich zurückgeholt. Die Ärzte hatten mich reanimiert – und ich sah ihnen dabei zu.

Es war furchtbar. Die Schmerzen, die Kälte, die schlechten Gefühle – alles kam zurück. Ich war ärgerlich auf den Arzt, der mich anlächelte. „Warum habt ihr mich nicht dort gelassen? Es war so schön!" Ein Arzt sagte zu mir: „Ihre Zeit ist noch nicht gekommen, Sie bleiben uns noch eine Weile erhalten und wir sind froh, dass wir Sie wiederhaben."

Nach und nach entfernten sich die Ärzte und Schwestern aus meinem Krankenzimmer auf der Intensivstation. Warum hatten sie mich nicht dort gelassen? Es war so unglaublich schön gewesen! Tränen der Enttäuschung kullerten über meine Wangen. Ich konnte sie nicht einmal selbst wegwischen, da ich an lauter Schläuche und Apparate angeschlossen war und mich nicht bewegen konnte. Der Chefarzt tupfte sie mir mit einem weichen Papiertuch vorsichtig ab. Er sagte nichts mehr, lächelte mich nur an und ging nach einer Weile.

Später überlegte ich, warum wohl ausgerechnet meine Oma mich hatte holen wollen, nicht mein ein Jahr zuvor verstorbener anderer Opa, zu dem ich auch eine sehr innige Bindung hatte. Er hatte seit seinem Tod nie Kontakt zu mir aufgenommen, aber der Tod meiner Großmutter lag schon über 21 Jahre zurück und ich hatte seit meinen Tagträumen keine Verbindung mehr zu ihr gehabt, so sehr ich mich auch bemüht hatte. Am folgenden Tag, als ich mich mal wieder darüber beschwerte, dass man mich nicht hatte sterben lassen, sagte mir der Arzt, dass ich unwahrscheinliches Glück hätte, dass es mir so gut gehe. Was sollte das für ein Glück sein, dachte ich, wenn ich es vor lauter Schmerzen nicht mehr aushielt, mich nicht bewegen und nicht aufstehen konnte? „Es liegen noch acht weitere Patienten mit der gleichen Erkrankung auf dieser Station, und denen geht es viel schlechter als Ihnen", sagte er.

Er versprach mir, mit mir – wenn ich mich wieder besser fühlen würde – durch die Station zu gehen und mir zu zeigen, in welch elender Verfassung sich die anderen acht Patienten befanden, damit ich endlich begreifen würde, was für ein Glück ich hatte.

Von Tag zu Tag besserte sich mein Zustand. Die Kopfschmerzen blieben allerdings und man sagte mir, dass sich daran wahrscheinlich auch nichts ändern würde, weil sie von den Titanklammern in meinem Kopf ausgelöst wurden. Diese dürften auch nicht entfernt werden, aber man könne lernen, mit den Schmerzen zu leben.

In den ersten Wochen nachdem ich aus meinem „Traumland" – so nannte ich es – zurückgekehrt war, musste ich noch oft weinen. Nach drei Wochen, als ich die Intensivstation bereits verlassen hatte und erneut in ein depressives Loch fiel, betete ich: „Lieber Gott, warum hast du mich nicht sterben lassen? Ich halte das nicht mehr aus." Plötzlich kam es mit vor, als ob jemand zu mir sagte, wie undankbar ich sei. Sofort erinnerte ich mich an den Chefarzt, der mir versprochen hatte, mit mir durch die Intensivstation zu gehen. Ich rief eine Schwester und fuhr mit ihr mit dem Aufzug in den fünften Stock. Der Chefarzt begrüßte mich und freute sich über meine gute körperliche Verfassung. Als ich ihn auf sein Versprechen ansprach, senkte er traurig den Kopf. „Sie sind die einzige, die es geschafft hat, die anderen hatten nicht so viel Glück", sagte er leise und zeigte mit dem Zeigefinger nach oben. Ich war schockiert, bedankte mich fast unhörbar und ließ mich von der Schwester wieder zurück in mein Zimmer bringen. Als ich erneut starke Schmerzen bekam und es mir schlecht ging, dachte ich: „Lieber Gott, warum hast du mich denn nicht da oben gelassen? Was soll ich hier auf dieser Erde noch tun?" Es kam mir vor, als ob er noch nicht bereit wäre, mich zu holen.

Ich weinte, als ich im Bett lag und überlegte: Es gab ja sicher einen Grund dafür, dass ich als Einzige diese schwere Krankheit überlebt hatte. Von diesem Moment an wollte ich kämpfen und wieder gesund werden, um vielleicht einmal anderen Menschen helfen zu können. Ich wusste zwar nicht wie, aber das war mir in diesem Moment auch nicht so wichtig.

Als ich vom Krankenhaus und der Rehaklinik wieder nach Hause zurückkehrte, musste ich mich noch sehr schonen und konnte die Alltagsarbeiten im Haushalt nicht bewältigen. Täglich kämpfte ich darum, mich im normalen Leben wieder zurechtzufinden. Außerdem hatte ich ja noch diese starken Kopfschmerzen, die mich mein Leben lang begleiten werden. Bei Föhn oder einem Wetterumschwung ist es besonders schlimm, aber weil ich ja weiß, dass diese Titanklammern in meinem Gehirn bleiben müssen, habe ich tatsächlich gelernt, damit umzugehen und bin jetzt froh, leben zu dürfen.

Ich genieße mein Leben jetzt auch viel bewusster und intensiver als vor meiner Krankheit. Ich fürchte mich nicht mehr vor dem Tod, möchte aber auch gerne weiterleben, da das Leben sehr schön sein kann. Die Krankheit hat mein Leben stark verändert. Es ist vielschichtiger geworden, denn ich sehe es mit anderen Augen – und dafür bin ich sehr dankbar.

In den letzten Jahren habe ich mit mehreren Menschen, die auch Nahtoderlebnisse hatten, gesprochen und viele Ähnlichkeiten entdeckt, über die ich später noch ausführlicher sprechen werde.

Ich hatte eine schwere Zeit hinter mir und wohl auch noch vor mir. Aber ich war ein Kämpfer und würde es schon irgendwie schaffen!

Wenn ich wieder einmal schlimme Kopfschmerzen oder Probleme mit meinem Aussehen hatte – ich hatte durch die Operation eine Glatze, die Haare wuchsen nur langsam nach, und ich hatte etwa zehn Kilo zugenommen – ruhte ich mich so oft es ging aus und dachte über das Geschehene nach.

Ich versuchte erneut, mit meiner verstorbenen Großmutter Kontakt aufzunehmen, aber was ich auch tat – es gelang mir nicht. Irgendwann war ich mir dann plötzlich sicher, dass die Seelen nur Kontakt aufnehmen, wenn es ihnen aus einem bestimmten Grund ein Bedürfnis ist.

Dass mir dies öfter passieren würde, wusste ich damals noch nicht.

Mein zweites Leben

Vor meiner schweren Krankheit war ich ein Mensch gewesen, der sich für die Familie aufgeopfert und fast rund um die Uhr gearbeitet hatte, für alle dagewesen war und sowohl der Familie als auch Freunden geholfen hatte, wo es nur möglich war. Dabei war ich selbst auf der Strecke geblieben, denn an mich hatte ich überhaupt nicht gedacht. Ich hatte versucht, immer alles perfekt und richtig zu machen und dabei den größten Fehler gemacht, nämlich meine eigenen Bedürfnisse vergessen. Es war nur wichtig, dass es den anderen gut ging, bei mir war das egal. Dadurch hatte ich, ohne es zu merken, meine Grenzen oft überschritten und somit meine Gesundheit aufs Spiel gesetzt.

Ich gebe auch keinem anderen die Schuld, dafür war ich ganz allein verantwortlich. Irgendwann ist eben eine Sicherung durchgebrannt, wie man so schön sagt. Die Gehirnblutung durch das Aneurysma war ganz einfach die Notbremse für mein bisheriges Leben gewesen. Ich war von heute auf morgen aus meinem äußerst aktiven Leben herausgerissen worden und hatte das große Glück, das alles überlebt zu haben. Wenn ich dann an die Wochen nach den Operationen und den anschließenden Therapien in der Rehaklinik zurückdenke, war dies die schlimmste und schwerste Zeit meines Lebens. Mir kam immer wieder in den Sinn, dass ich vielleicht doch noch sterben müsse und keiner es mir zu sagen wagte. Jeden, der sich mir nähern wollte, stieß ich fort, weil ich glaubte, dann würde der Abschied nicht so schwerfallen, falls ich sterben würde. Mit niemandem konnte ich darüber sprechen, wie es wirklich in mir aussah. Im Grunde wollte ich leben und so schnell wie möglich wieder gesund werden, aber mir fehlte die Geduld. Meine Gefühle waren kaum zu beschreiben: Einerseits wollte ich nicht allein sein, andererseits konnte ich keinen Menschen um mich haben, auch wenn dies doch für meine Versorgung nötig war.

Alle machten sich große Sorgen um mich und verstanden nicht, warum ich so abweisend war. Es war einfach nur schrecklich für mich. Aber ich musste lernen, mit der Situation umzugehen, sonst wäre ich noch wahnsinnig geworden.

Das schlimmste für mich war, dass ich vieles nicht mehr selbst machen konnte und für etliche Dinge jemanden brauchte, der mir half. Zum Beispiel konnte ich mich nicht mehr bücken, da dies sofort Schwindelanfälle verursachte, außerdem funktionierte meine Motorik nicht mehr vollständig. Den Haushalt zu führen war mir unmöglich. Ich war mir selbst eine Last, versank oft in Selbstmitleid und zog mich zurück.

Meinen Körper und mich selbst konnte ich nicht mehr lieben, auch meine Familie nicht. Ich konnte gut nachempfinden, wie sich Menschen mit einer Behinderung fühlten, mir ging es genauso. Immer wieder verfiel ich in Depressionen und wünschte mir den Tod herbei. Heute weiß ich, dass es falsch war, so zu denken. Damals konnte ich nicht anders.

Mein größter Wunsch war es, wieder gesund zu werden und nicht mehr auf fremde Hilfe angewiesen zu sein.

In dieser Zeit habe ich allerdings auch sehr viel gelernt und bin auch dankbar dafür. Eines schönen Tages war es, als ob jemand einen Schalter in meinem Kopf umgelegt hatte. Ich wollte mich grundlegend ändern. Meine Familie brauchte mich und ich brauchte sie. Der Kampf würde sich auf jeden Fall lohnen.

Von neuem Ehrgeiz getrieben, ging ich täglich mit unserem Hund spazieren und testete regelmäßig, inwieweit es mir schon besser ging. Ich konnte mich wieder an der Natur erfreuen, einen Baum oder Pflanzen ansehen, einen Vogel beobachten. All dies hatte ich vor meiner Krankheit vor lauter Stress und Arbeit aus den Augen verloren. Die Spaziergänge wurden täglich immer etwas länger und mit jedem kleinen Erfolg war ich stolz darauf, einen weiteren Schritt nach vorne geschafft zu haben. Auch meine Familie näherte sich mir langsam wieder an und freute sich mit mir an meinen Fortschritten.

Ich absolvierte ein tägliches Gehirntraining und verschiedene andere Dinge, an denen ich ablesen konnte, ob es vorwärts ging. Es war nicht jeder Tag gleich, aber aufgeben wollte ich auf keinen Fall.

Dies alles gab mir Kraft, wieder neuen Lebensmut zu fassen und es gelang mir, mich aus meinem seelischen Tief zu befreien. Man darf auf keinen Fall aufgeben, das habe ich in dieser Zeit gelernt, sonst könnte ich nun all die schönen Dinge, die das Leben lebenswert machen, nicht mehr genießen.

Im Rückblick wird mir klar, wie sehr ich noch gebraucht werde.

Ein neuer Anfang

Es ist ganz besonders wichtig, sich nach einer schweren Krankheit nicht gehen zu lassen. Aus eigener Erfahrung kann ich nur bestätigen, dass man sonst im Selbstmitleid erstickt, sich mehr und mehr zurückzieht und immer unzufriedener und depressiver wird. Die Menschen, die uns lieben, wenden sich ab, wenn wir niemanden mehr an uns heranlassen. Das ist der falsche Weg, so wird man nie gesund.

Irgendwann ist man dann ganz allein. Wie soll man es dann noch schaffen, positiv zu denken? Man darf es gar nicht erst so weit kommen lassen. Je mehr man sich gehen lässt, desto schwieriger ist es, aus dieser negativen Einstellung wieder herauszukommen. Wir müssen erneut an uns selbst denken und uns nützlich machen, bevor wir im Selbstmitleid verkümmern. Wir sollten etwas ausprobieren, das uns Spaß macht, wobei wir wieder stolz auf uns sein können.

Ich hatte großes Glück, als ich damals, nach meiner schweren Krankheit, zufällig eine Hobbykünstlerin kennenlernte, die wunderschöne Bilder malte. Ich bewunderte einige, lobte sie dafür und bedauerte, dass ich nicht auch so malen konnte. „Das können Sie auch lernen, das ist nicht schwer, das kann jeder." – „Nein, ich kann nicht malen", entgegnete ich. „Doch, das können Sie auch, glauben Sie mir. Nach einem Nachmittag, wenn ich mit Ihnen übe, können Sie auch ein schönes Landschaftsbild malen", bestärkte sie mich. „Hier haben Sie meine Telefonnummer, wenn Sie Lust und Zeit haben, dann rufen Sie mich an, und wir vereinbaren ein Treffen."

Ich überlegte in den kommenden Wochen öfter, dass ich etwas unternehmen müsste, sonst würde ich noch wahnsinnig. Ich dachte an die Hobbykünstlerin und rief sie an.

Es kam genauso, wie sie es versprochen hatte: Nach etwa drei Stunden hatte ich ein kleines Landschaftsbild gemalt. Ich war richtig stolz auf mich und konnte es fast nicht glauben. Die Malerin zeigte mir die Enkaustik-Maltechnik, bei der mit einem besonderen kleinen Maleisen, das wie ein Bügeleisen aussieht, Bienenwachsfarben auf ein beschichtetes Papier aufgetragen werden, sodass einzigartige Effekte entstehen.

Obwohl ich bisher nichts mit Malerei zu tun gehabt hatte, konnte ich schon nach kurzer Zeit wunderschöne kleine Bilder malen. Das beflügelte mich, und ich beschloss, auf jeden Fall weiterzumachen. Als ich mit meinen selbstgemalten Bildern nach Hause kam, wurde ich von allen Seiten gelobt, und das tat mir unglaublich gut. Zum ersten Mal nach langer Zeit war ich wieder richtig stolz auf mich.

Ich besorgte mir die notwendigen Materialien für die Enkaustik-Technik und begann zu malen. Jede Woche machte ich Fortschritte und wuchs über mich hinaus. Die Bilder wurden größer, ich stellte mich größeren Herausforderungen, ließ meiner Kreativität und meiner Fantasie freien Lauf.

Der Hobbymalerin bin ich sehr dankbar, und es war ein Glück, dass ich sie kennenlernte. Sie half mir, durch die Malerei wieder an mich selbst zu glauben und positiv zu denken. Zudem hatte ich plötzlich wieder Lust, andere Dinge auszuprobieren. Für depressive Verstimmungen blieb sozusagen gar keine Zeit mehr, und so ging es mir mit der Zeit immer besser.

Jeder sollte sich nach einer schweren Krankheit oder einem Schicksalsschlag etwas suchen, das ihn wieder fordert und ihm Spaß macht. Es gibt so viele Möglichkeiten – mit Gottes Hilfe wird er dann auch den richtigen Weg finden.

Seelenkontakte

Mein erster Seelenkontakt

Die erste Seele, die mit mir Verbindung aufnahm, war die eines Menschen, der mir bis dahin völlig unbekannt gewesen war, und es dauerte einige Wochen, bis ich wusste, um wen es sich handelte. Sie kommunizierte über die Gedanken mit mir. Ich sah Bilder, die sich ständig wiederholten, oder Ausschnitte aus ihrem Leben, die wie ein Film abliefen.

Man muss sich das so vorstellen: Abends, wenn ich zur Ruhe kam, aber noch nicht eingeschlafen war, nahm sie den Kontakt auf. Ich nenne es Wachtraum, denn ich konnte für all diese Bildern, die ich sah, keine Erklärung finden.

Immer wieder kamen diese Gedanken und dazu erschienen so lange neue Bilder, bis ich verstanden hatte, was diese Seele mir sagen wollte. Es kam mir sogar manchmal so vor, als ob ich das, was die Seele erlebt hatte, in diesem Moment mitfühlen konnte. Als sie einmal sehr traurig war und weinte, liefen mir selbst Tränen über die Wangen, worüber ich sehr erschrocken war. Mein Mann lag im Bett neben mir und schlief. Er bekam von all dem nichts mit. Als er mich am Morgen fragte, wie ich geschlafen hätte, sagte ich: „Nicht so gut." Da ich, wie gesagt, nach wie vor große Angst hatte, den Verstand zu verlieren, gewöhnte ich mir an, am Tag darauf das Erlebte und die dabei hochgekommenen Gefühle aufzuschreiben. Dennoch blieb ich ratlos: Was sollte ich nur tun? Jetzt, mit meiner Krankheit, würden mich bestimmt alle für psychotisch halten. Vielleicht konnten diese Seelen nur mit mir Kontakt aufnehmen, weil ich auch schon mal gestorben war oder weil ich vor über zwanzig Jahren das Erlebnis mit meiner verstorbenen Großmutter gehabt hatte. Hing es vielleicht damit zusammen? Ich hatte so viele Fragen und grübelte darüber nach, wer mir eine Antwort geben könnte …

Diese nicht zur Ruhe kommende Seele besuchte mich ein- bis zweimal in der Woche. Warum gerade mich? Fand sie sonst niemanden, der ihr helfen konnte? Ich war ratlos und auch nicht sonderlich glücklich über diesen Zustand. Aber nun, da sie mich nun einmal auserwählt hatte, beschloss ich, der armen Seele auch zu helfen, soweit es mir möglich war und hoffte, dass sie dadurch ihren Frieden finden würde. Ich zog Erkundigungen über die Verstorbene ein, um überhaupt zu erfahren, wer sie war und wo sie gewohnt hatte. Ich versuchte, möglichst viel über sie und ihre Familie herauszufinden, um ihr so schneller und besser helfen zu können. Es handelte sich um eine Mutter mit drei Kindern aus einem Nachbarort, die an einer Gehirnblutung verstorben war. Vielleicht meldete sie sich bei mir, weil ich die gleiche Krankheit gehabt hatte?

Sie war 34 Jahre alt gewesen, ihre Kinder, sechs, neun und elf Jahre alt, zwei Mädchen und ein Junge.

Eines der Kinder, der Sohn, hatte zwei Wochen nach dem Tod der Mutter seine erste heilige Kommunion empfangen. Jeder kann sich vorstellen, wie entsetzlich so etwas sein muss. Ohne jede Vorwarnung war diese Frau, ich nenne sie Angie, aus der Familie gerissen worden, was natürlich ein unglaublich schwerer Schlag für alle gewesen war.

Vor allem für Angie selbst musste es unglaublich schlimm sein, denn es waren immer wieder dieselben Fragen, die sie nicht zur Ruhe kommen ließen. Wieder und wieder stellte sie mir diese in meinen nächtlichen Visionen, und ich wusste beim besten Willen nicht, wie ich sie beantworten sollte. Über Monate hinweg kam sie zu mir, und es war für mich eine große Belastung, damit umgehen zu müssen. Da ich selbst noch große Probleme mit meiner Gesundheit hatte, konnte ich fremde Hilferufe im Grunde genommen gar nicht gebrauchen.

Eines Tages traf ich Angies Bruder bei einem Fest. Ich kannte ihn flüchtig vom Sehen. Er fragte mich nach meinem Befinden, da er von meiner schweren Krankheit erfahren hatte. Das war natürlich *die* Gelegenheit für mich – vielleicht konnte er mir helfen und Angies Fragen beantworten. Ich kam mit ihm ins Gespräch und erkundigte mich, ob ich ihn etwas über seine verstorbene Schwester fragen dürfe. Er bejahte und so stellte ich ihm die Fragen, die Angie mir immer und immer wieder übermittelt hatte.

Das Gespräch dauerte fast eine dreiviertel Stunde, er erzählte und gab bereitwillig Auskunft. Er sprach von ihr und ihrer Familie, dem Mann, den Kindern, wie ihnen zumute war, was sie jetzt machten und wie sie mit dem Tod der Mutter beziehungsweise der Ehefrau umgingen. Von all dem habe ich nichts mitbekommen, es erschien mir, als ob die Worte durch mich hindurchgingen. Die ganze Zeit über fühlte ich mich richtiggehend leer. Bis heute weiß ich nicht, was er gesagt hat. Jedenfalls war ich froh, Angies Bruder getroffen zu haben und stellte fest, dass es der armen Seele geholfen haben musste. Auch ich fühlte mich viel ruhiger und war glücklich. In den nächsten Wochen wartete ich vergeblich auf Angie, aber sie kam nicht mehr. Wahrscheinlich waren ihre Fragen während meines Gesprächs mit ihrem Bruder beantwortet worden und sie hat ihren Frieden und ihre ewige Ruhe gefunden.

Mir tat es gut, dass ich ihr hatte helfen können und bekam immer mehr die Gewissheit, dass ich wirklich nicht verrückt war.

Was ich zu diesem Zeitpunkt noch nicht wusste, war, dass dies noch lange nicht das Ende meiner merkwürdigen Erlebnisse war. In den folgenden Monaten kam ich zwar wieder etwas zur Ruhe und konnte entspannt schlafen, aber dann geschah etwas, das mich erneut völlig aus der Fassung brachte. Aber lesen Sie selbst …

Ein schlimmer Wachtraum

Eines Tages hatte ich mir vorgenommen, meine ehemaligen Arbeitskollegen, die zu mir ins Krankenhaus gekommen waren, zu besuchen, um mich noch einmal in aller Form herzlich dafür zu bedanken. Es war ein netter Vormittag im Büro. Wir sprachen über die Zeit vor meiner Krankheit und hatten viel Spaß dabei. Einer meiner ehemaligen Kollegen, ich nenne ihn Bernhard, war krank und fragte, wie es mir gehe. Wir beschrieben uns gegenseitig unsere Krankengeschichten.

Er hatte hohen Blutzucker, ihm waren schon drei Zehen entfernt worden und er musste in etwa sechs Wochen erneut operiert werden. Ihm sollte das Bein unterhalb des Knies amputiert werden. Seine Angst vor dieser Operation war enorm. Wir sprachen uns gegenseitig Mut zu und er erzählte mir von seiner Familie. Ich merkte, dass er das Thema wechseln wollte.

Als ich mich verabschiedete, hielt Bernhard meine Hand lange fest, sah mich an, klopfte mir auf die Schulter und sagte: „Mach's gut." Ich fühlte und wusste, dass ich ihn nicht mehr wiedersehen würde. Es war damit zu rechnen, dass er die Operation vielleicht nicht überleben würde, dennoch hoffte ich das Beste für ihn.

Etwa zwei Wochen später hatte ich dann diesen schlimmen Wachtraum: ein schwerer Verkehrsunfall. Ich sah ein Auto auf der Bundesstraße fahren, plötzlich fing es an zu schlittern und überschlug sich mehrmals. Dann sah ich den Fahrer des Wagens: es war Bernhard, mein früherer Arbeitskollege, und er war tot. Ich war völlig entsetzt über diese Bilder und versuchte, sie zu vergessen.

Ein paar Tage später erzählte ich meinem Mann von diesem Traum, sagte ihm aber nicht, um welche Person es sich dabei handelte.

Drei Wochen später bekam ich einen Anruf von einem anderen Kollegen: Es sei etwas Schreckliches passiert. Ich fragte: „Mit Bernhard?" Er bejahte und erzählte mir von dem Verkehrsunfall. Dann beschrieb ich ihm die Stelle, an der es passiert war. Der Anrufer fragte, woher ich dies wüsste. Ich sagte nur nebenbei, dass ich es mir gedacht hätte, denn er sollte von meinem Wachtraum nichts erfahren.

Ich denke mir oft, dass Bernhard sicher viel Leid erspart geblieben ist und es so, wie es gekommen ist, vielleicht besser war.

Das gibt es doch nicht, dass man etwas vorher schon sieht oder weiß, dachte ich und erzählte es meinem Mann. Der meinte: „Vielleicht war es Zufall. Mach dich bloß nicht verrückt!"

Später sollte ich erfahren, dass es kein Zufall gewesen war, sondern Ähnliches noch viel öfter passieren sollte.

Unerfüllter Seelenkontakt

Nach all dem hoffte ich, dass ich nun ein wenig zur Ruhe kommen würde, aber dem war nicht so.

Über Wochen hatte eine mir nicht bekannte Seele Verbindung mit mir aufgenommen. Sie kam ein- bis zweimal die Woche und es dauerte einige Monate, bis ich wusste, um wen es sich handelte. Ich nannte sie Silke.

Es war die verstorbene Frau meines früheren Chefs. Noch nie zuvor hatte ich sie gesehen und wusste auch nichts über sie. Selbst meinen damaligen Chef hatte ich nur einige Male gesehen und wenige, unverbindliche Worte mit ihm gewechselt. Er stand einer sehr großen Firma vor und kümmerte sich nicht weiter um seine Mitarbeiter, dafür hatte er seine Geschäftsführer.

Wie sollte ich dieser armen Seele nun helfen? Warum gerade ich? Warum gerade jetzt? Sie war doch schon vor mehr als zwölf Jahren gestorben! Ich überlegte, wie ich ihr beistehen könnte, denn ich spürte, dass sie bis zu diesem Zeitpunkt niemanden gefunden hatte, der in der Lage war, ihr zur ewigen Ruhe zu verhelfen. Ihr Bitten war ein fast jämmerliches Flehen.

Ich kann es nicht recht beschreiben, aber noch heute bekomme ich eine Gänsehaut, wenn ich daran denke. Wenn sie zu mir kam, liefen bestimmte Ereignisse aus ihrem Leben, die sie nicht zur Ruhe kommen ließen, wie ein Film vor mir ab. Sie stellte immer wieder die gleichen Fragen, die ich ihr nicht beantworten konnte. Sie hatte auch keine Ruhe wegen ihres Sohnes, der noch sehr klein gewesen war, als sie starb. Es war grauenvoll für diese Seele, für ihren kleinen Sohn nicht mehr sorgen zu können. Er hatte Atem- oder Herzprobleme, und sie machte sich deshalb große Sorgen. Dann war da noch ein anderes Kind, das mit seiner Mutter in einem Garten unter einem Baum saß und sehr einsam und traurig wirkte.

Ich sah eine Hütte oder ein Holzhaus, viel Wasser und Bäume, eine junge Frau und einen Mann, die sich liebten. Der ältere Mann hatte großen Einfluss auf sie. Ein großes Haus war dort, mit einem geheimnisvollen Zimmer, das immer abgeschlossen war, weil … Ich kann das alles nicht in Worte fassen.

Sie schickte mir so viele Erinnerungen und Bilder, die für sie von großer Bedeutung waren, mit denen ich aber nichts anzufangen wusste. Viele Dinge ließen sie einfach nicht zur Ruhe kommen.

Ich begann, mir die wichtigsten Eindrücke dieser Bilder aufzuschreiben, um nichts davon zu vergessen. Ich war mittlerweile auch etwas gefasster bei dem Besuch einer nicht ruhenden Seele, da ich es ja schon einige Male durchlebt hatte, und nahm mir vor, ihr auf irgendeine Weise zu helfen.

Silke bat mich immer flehentlicher um die Beantwortung ihrer Fragen. Wie sollte ich das nur bewerkstelligen? Ich musste mir überlegen, wie ich zu meinem ehemaligen Chef Kontakt aufnehmen könnte. Am Telefon wollte ich diese Sache nicht besprechen. Also zu ihm fahren? Er wohnte 600 Kilometer entfernt. Wie sollte ich das meinem Mann erklären? Mir kam nur die Idee, ein geschäftliches Interesse vorzutäuschen, um mit ihm auf irgendeine Weise ins Gespräch zu kommen. Diese Angelegenheit belastete mich sehr, ja, ich hatte sogar ein wenig Angst davor, denn es war heikel und ich wollte auch nicht aufdringlich erscheinen.

Ich nahm mir vor, ihn, wenn ich erst einmal dort wäre, einfach zu fragen, ob er mit mir zum Grab seines Vaters und seiner Frau gehen könnte. So hätte ich dann die Möglichkeit, mit ihm ins Gespräch über seine verstorbene Frau zu kommen.

Vielleicht könnte ich noch andere Bilder sehen oder andere Dinge fühlen und mit ihm darüber sprechen, wenn wir vor dem Grab stünden, und ich hoffte, dass er die Bilder, die ich immer wieder sah, besser einordnen konnte.

Also täuschte ich geschäftliches Interesse vor, rief an und versuchte, einen Termin auszumachen. Sein Sekretär vertröstete mich immer wieder, ihn selbst bekam ich nicht ans Telefon.

Ich musste sehr hartnäckig sein, um an mein Ziel zu kommen. Seitdem ich die Idee mit dem Geschäftstermin gehabt und mir fest vorgenommen hatte, mit ihrem Mann zu sprechen, hatte Silke sich nicht mehr so oft gemeldet und ihr Bitten war schon eher erwartungsvoll.

Ich fuhr mit dem Zug zu dem 600 Kilometer entfernten Wohn- und Geschäftsort meines früheren Chefs, alles auf eigene Kosten, aber das war mir egal. Als ich ankam, erfuhr ich, dass er gar nicht anwesend war und sein Sekretär mit mir die Gespräche führen sollte. Ich kam mir ziemlich albern vor und war enttäuscht, da ich um ein persönliches Gespräch mit ihm gebeten hatte. Der Sekretär bemühte sich um mich und das angebliche Geschäftsgespräch verlief recht gut. Er hatte mir ein Zimmer in einem Hotel besorgt und so beschloss ich, noch drei Tage in der Stadt zu bleiben, in der Hoffnung, meinen Chef doch noch zu treffen.

Es ergab sich leider nicht, er kam nicht. Wahrscheinlich war ich doch zu hartnäckig und aufdringlich gewesen. Ich hatte mich lächerlich gemacht, nur um dieser armen Seele dabei zu helfen, ihre letzte Ruhe zu finden. Enttäuscht und ratlos fuhr ich wieder nach Hause zurück.

Wahrscheinlich hatte ich es falsch angefangen, aber was hätte ich sonst noch tun können? Einfach anrufen und sagen, ich wolle mit ihm über seine verstorbene Frau sprechen?

Ein paar Tage nach meiner Rückkehr besuchte mich die arme Seele wieder. Es tat mir leid, dass ich ihr nicht helfen konnte. Sie war enttäuscht und traurig und ich gab ihr zu verstehen, dass ich wirklich alles versucht hatte.

Das Gefühl, das ich nach dieser Begegnung mit Silke hatte, kann ich nicht in Worte fassen. Ich war unglaublich enttäuscht und auch über meinen ehemaligen Chef sehr verärgert, weil ich es ihm offensichtlich nicht einmal wert gewesen war, mich im Nachhinein noch einmal anzurufen und mir die Möglichkeit zu einem Gespräch zu geben. Auch ein letzter Versuch, noch einmal schriftlich mit ihm Kontakt aufzunehmen, schlug fehl. Er meldete sich nicht und somit war die Sache für mich erledigt.

Ich hätte nicht gedacht, dass ich überhaupt nichts erreichen würde. Von Silke habe ich nichts mehr gehört. Ich hoffe, dass diese arme Seele jemanden gefunden hat, der ihr beistehen konnte, mir blieb es leider versagt. Ich glaube, dass sie gespürt hat, wie gern ich ihr geholfen hätte. Ihr jämmerliches Flehen werde ich jedenfalls nie mehr vergessen können. Ich hoffe, sie hat mittlerweile ihre Ruhe gefunden.

Der Sturz

Die Reihe der merkwürdigen, ja zum Teil schon grausamen Träume, hielt an.

Eines Nachts träumte ich von unserer Nachbarin, einer 97-jährige Frau, die allein in ihrem Haus wohnte.

Es war ein älteres, kleines Bauernhaus mit einer Scheune und einer Garage. Das ganze Gehöft war schon fast 80 Jahre alt und etwas sanierungsbedürftig.

Wir wohnten ihr gegenüber und schauten ab und zu nach ihr, da sie nur noch selten das Haus verlassen konnte und daher auf fremde Hilfe angewiesen war.

Sie war geistig noch sehr fit, hörte aber schlecht, und gesundheitlich ging es ihr nicht gut. Sie hatte beim Laufen große Mühe und konnte sich nur mithilfe eines Rollators fortbewegen. Ihre Gelenke waren schon etwas steif und auch an Kraft fehlte es ihr. Sie durfte nicht mehr allein aus dem Haus, es war zu gefährlich. Ihre verheiratete Tochter und der Sohn, beide auch schon zwischen 65 und 70 Jahre alt, versorgten die Mutter und sahen mehrmals am Tag nach ihr.

Sie wollten sie gerne zu sich holen oder in ein Altenpflegeheim geben, aber die alte Frau bestand darauf, in ihrem Haus zu bleiben, nach dem Motto: Einen alten Baum verpflanzt man nicht.

Eines Nachts träumte ich also, dass die alte Frau allein aus dem Haus gegangen und schwer gestürzt war. Immer wieder versuchte ich, ihr aufzuhelfen, aber sie war so schwer, dass ich es nicht schaffte. In meinem Traum konnte ich ganz deutlich spüren, wie schwer sie war. Die Bilder liefen wie ein Film ab, bei dem ich mitspielte.

Mein Mann sagte nicht viel, als ich ihm von meinen nächtlichen Eindrücken erzählte. Er meinte nur, ich solle mich nicht verrückt machen, es sei doch bloß ein Traum gewesen und er hätte auch schon oft etwas geträumt, das dann nicht eingetreten sei.

Er versuchte immer wieder, mich zu beruhigen, und das tat mir gut.

Vergessen konnte ich den Traum jedoch nicht, und so achtete ich nun vermehrt auf unsere Nachbarin und sah öfters zu ihrem Haus hinüber.

Etwa zwei Wochen nach meinem Traum, mein Mann und ich waren mit unseren Enkelkindern im Garten, hörten wir plötzlich einen dumpfen Schlag. Wir schauten auf – und tatsächlich: Unsere Nachbarin war mit ihrer Gehhilfe über eine kleine Treppe gestürzt und lag völlig verrenkt in ihrem Hof.

Ich rannte gleich los, während mein Mann mit dem Sohn und der Tochter telefonierte, um diese zu informieren.

Ich half der alten Dame auf, nachdem ich mich vergewissert hatte, dass nichts gebrochen war. Es war ein großes Glück, dass nicht mehr passiert war. Sie war so schwer, so groß, so unbeholfen, und so schaffte ich es nur mit großer Mühe, sie wieder hochzuziehen und auf die Gehhilfe zu stützen. Schon bald darauf kamen der Sohn und kurz darauf die Tochter. Sie bedankten sich bei mir und kümmerten sich um die Mutter. Ich ging beruhigt nach Hause: Mein Traum war Realität geworden ohne dass etwas wirklich Schlimmes passiert war.

Schon früher hatte ich viele solcher Träume gehabt, aber sie waren nicht eingetreten oder ich hatte sie am nächsten Morgen schon wieder vergessen.
Diese Träume waren anders, denn ich fühlte dabei alles ganz real und war mir vollkommen bewusst, dass ich nicht schlief.

Ein Engel

Eines Abends, bei einem kleinen Umtrunk, lernte ich eine Frau kennen. Sie war in meinem Alter, und wir unterhielten uns von Anfang an angeregt über Ernährung, Diäten und vieles mehr. Es war ein schöner, unterhaltsamer Abend und diese Frau war mir von der ersten Sekunde an sympathisch. Ich fühlte aber, dass ihr etwas fehlte, dass sie krank war. Auch wenn es mir schwerfällt, dieses Gefühl zu beschreiben – ich spürte einfach, dass mit ihr etwas nicht stimmte.

Sie brachte mir am nächsten Tag ein Buch, über das wir uns unterhalten hatten. Es war eine interessante Abhandlung über Ernährung. Da ich mir das unmöglich alles merken konnte, beschloss ich, mir das Buch zu bestellen. Am nächsten Tag, als ich es in der Buchhandlung abholte, fragte ich die Verkäuferin: „Haben Sie kleine Engel da? Ich brauche ein kleines Mitbringsel, weil ich ein geliehenes Buch zurückgeben möchte."

Ich weiß nicht, warum genau ich, als ich an die Frau dachte, der Meinung war, ich müsste ihr einen Engel schenken. Ich hätte ja auch Pralinen oder eine gute Flasche Wein mitbringen können.

Als ich das Buch zurückgab und mich bedankte, gab ich ihr den kleinen Engel und sagte: „Es wird alles wieder gut." Sie sah mich entgeistert an und bedankte sich. Eine Woche später erfuhr ich, dass sie im Krankenhaus war, um eine Geschwulst an der Niere entfernt zu bekommen. Als ich sie nach ihrer Heimkehr zu Hause besuchte, fragte sie mich, woher ich von ihrer Krankheit gewusst hätte. „Ich wusste es nicht, ich fühlte es nur." „Als ich erfuhr, dass ich ins Krankenhaus muss, nahm ich deinen Engel mit", sagte sie. „Ich war mir sicher, dass er mir helfen würde. Du hast mir gesagt, es wird alles wieder gut und das hat mir viel Mut gemacht." Inzwischen ist sie wieder ganz gesund und wir sind gute Freundinnen geworden. Der Engel sitzt immer noch auf ihrem Nachttisch.

Es geschehen manchmal Dinge, die sich nicht erklären lassen, und so war es auch in diesem Fall. Engel sind schöne Wesen und wunderbare Glücksbringer. Ich habe vor einiger Zeit begonnen, sie zu sammeln, und es macht mir großen Spaß, sie nebeneinander aufzustellen und zu sehen, dass jeder etwas anderes aussagt. Engel sind nicht nur an Weihnachten schön, sondern das ganze Jahr über. Sie sind etwas Besonderes.

Ein kurzer Ausflug

Es ist schon einige Jahre her, dass unser Sohn eines Abends noch einmal kurz zu seinen Freunden fahren wollte. Er war zwanzig Jahre alt und sagte immer Bescheid, wenn er irgendwo hinfuhr, da er das Auto von uns zu seinem Geburtstag bekommen hatte und es auf unseren Namen angemeldet war. Ich sagte ihm, er solle lieber daheim bleiben, er könne auch morgen noch fahren. Natürlich verriet ich nicht, dass ich ein paar Tage zuvor einen Traum gehabt hatte, in dem er in einen Autounfall verwickelt gewesen war. Es war ihm Gott sei Dank nichts passiert, aber mein Gefühl sagte mir, dass es nicht gut sei, wenn er jetzt noch einmal losfuhr. Das sah er aber nicht ein und machte sich auf den Weg.

Ich hatte ein ganz merkwürdiges Gefühl. Mein Magen rumorte, das hatte ich sonst nie. Etwa eine halbe Stunde später kam unser Sohn zurück und sagte: „Mama, du hast recht gehabt, ich hätte nicht mehr fahren sollen." Nach etwa drei Kilometern war er unter einer Brücke ins Schleudern geraten und in den Straßengraben gerutscht.

Es war nirgends glatt gewesen, nur unter jener Brücke, unter der er hatte durchfahren müssen, um zu seinen Freunden zu kommen.

Er hat gelernt von dieser Aktion, die ihn sehr viel gekostet hat.

Der ältere Herr

Eines Abends hatte ich wieder eine dieser Visionen. Ich sah einen alten Herrn und erkannte ihn auch gleich. Es war ein früherer Kunde von mir. Bei unserem ersten Termin, der allerdings schon mindestens 15 Jahre zurücklag, war ich ihm offensichtlich vom ersten Moment an sympathisch gewesen und er hatte mir immer nette Komplimente gemacht. Mir war das fast peinlich gewesen, da ich einen Kollegen dabei gehabt hatte, der sich darüber schon amüsiert hatte. Der Kunde hatte mich danach noch öfters angerufen, und da mir das alles zu aufdringlich geworden war, hatte ich den Kunden an einen Kollegen abgegeben.

Jetzt, nach über 15 Jahren, sah ich ihn im Traum und fragte mich, was das alles zu bedeuten hätte. War er gestorben? Brauchte seine Seele Hilfe?

Ich hatte diese Visionen mehrere Wochen, bis mein Mann mich ermutigte, einfach mal hinzufahren und ihn zu besuchen.

Ich fuhr mit gemischten Gefühlen. Vor seinem Wohnhaus traf ich einen Mann und erkundigte mich nach meinem ehemaligen Kunden. Der neue Hausbesitzer berichtete mir, dass der ältere Herr nun in einem Altenheim wohne und sich ganz sicher über einen Besuch freuen würde. Er bot mir an, vorher in dem Altenheim anzurufen, und ehe ich mich versah, hatte ich den Telefonhörer in der Hand. Ich stellte mich kurz vor und er fragte, ob ich ihn besuchen würde.

Da ich nun nicht mehr nein sagen konnte, fuhr ich zwei Stunden später in die 15 Kilometer entfernte Stadt. Mit gemischten Gefühlen betrat ich das Heim. Als er mich sah, lächelte er und meinte: „Oh Gott, ich dachte schon ich sehe dich nie wieder."

Nach längerer Unterhaltung erklärte er mir sein Verhalten: „Du siehst aus wie meine damalige Jugendliebe, die ich durch den zweiten Weltkrieg verloren habe. Ich habe danach keine Frau mehr so lieben können und habe auch nicht geheiratet. Diese Ähnlichkeit ist so riesig, dass mir fast die Luft wegblieb, als ich dich damals sah. In vier Wochen ist mein 91. Geburtstag, und es wäre für mich das größte Geschenk, wenn ich dich einmal umarmen dürfte und dir ein Bussi auf die Wange geben dürfte. Vor zwei Wochen habe ich nämlich erfahren, dass ich nicht mehr lange zu leben habe."

Diesen Wunsch konnte ich ihm natürlich nicht verweigern. Er strahlte mich an und sagte: „Davon werde ich jetzt jede Nacht träumen, und das wird mir meinen schweren Weg sicher erleichtern."

Später wurde mir klar, dass ich diese Visionen genau zu dem Zeitpunkt gehabt hatte, in dem er von seinem baldigen Tod erfahren hatte. Wie konnte das sein? Ich weiß es nicht und es ist mir auch einerlei, da

ich froh bin, einen alten Mann noch einmal träumen
gelassen zu haben.

Die Schreie eines Kindes

Es ist bestimmt schon fünfzehn Jahre her, dass ich im Schwimmbad eine junge Frau kennenlernte, mit der ich mich auf Anhieb gut verstand. Wir hatten gemeinsame Interessen und unsere Kinder gingen zusammen zur Schule. Sie wohnte allerdings nur ein paar Jahre bei uns im Nachbarort, was typisch für diese Familie war – aber dazu komme ich später noch.

Die Frau, ich nenne sie Lisa, hatte zwei nette Kinder, einen tollen, fleißigen Mann und eine schöne Wohnung. Sie waren gesund und hatten eigentlich alles, was man zum Glücklichsein braucht.

Leider war sie sehr unglücklich, wie ich im Laufe unserer Freundschaft erfuhr.

Da wir uns so gut verstanden, trafen wir uns regelmäßig einmal in der Woche im Schwimmbad und hatten immer großen Spaß. Als wir uns näher kannten, tauschten wir Kochrezepte aus, machten auch mal eine Radtour gemeinsam mit unseren Kindern, ein Picknick im Wald oder eine Nachtwanderung. Wir hatten immer eine Idee, was wir unternehmen könnten.

Seitdem ich Lisa kannte, plagten mich meine Wachträume wieder häufiger. Ich kann es nicht genau beschreiben: Ich hörte Kinderschrei, nein, eigentlich war es das jämmerliche Weinen eines Babys. Was hatte das zu bedeuten? Immer wieder sah ich Bilder von einem kleinen Baby und einer Frau, die rannte und rannte. Sie rannte weg von dem Baby und hielt sich die Ohren zu, damit sie das Schreien nicht hören musste. Was hatte das nur zu bedeuten? Zuerst brachte ich diese Bilder nicht mit Lisa in Verbindung. Was sollte das auch? Es gab mehrere Frauen, die ähnlich aussahen, vielleicht irrte ich mich.

Nein, ich irrte mich nicht, es war Lisa.

Wenn wir wieder einmal zusammen etwas unternehmen würden, wollte ich sie fragen.

Einige Zeit später richteten wir mit unseren Kindern eine kleine Wanderung aus, die wir ihnen schon länger versprochen hatten. Wir liefen nebeneinander und unterhielten uns, während die Kinder voraus liefen und Gänseblümchen pflückten. Ich fragte Lisa, ob ihre Kinder, als sie klein waren, viel geweint hätten. Sie sah mich an und sagte: „Nein, auch nicht mehr als andere."

Ich wusste nicht, wie ich ihr von meinem Traum erzählen sollte. Reden musste ich auf jeden Fall darüber, sonst würde mich dieser böse Traum noch wahnsinnig machen. Ich musste erfahren, was er zu bedeuten hatte. Ich erzählte, dass ich immer so einen schrecklichen Traum hätte, in dem ich Babygeschrei hörte und eine Frau sähe, die ähnlich aussah wie Lisa, und vor dem Geschrei weglaufe. Als wir nach ein paar Metern eine Bank entdeckten, setzten wir uns und Lisa begann zu erzählen:

„Weißt du, ich habe diesen Traum auch, schon seit Jahren, und deshalb ziehen wir so oft um. Ich hoffe jedes Mal, es würde dann aufhören." Ich war total erstaunt, dass mein Traum offensichtlich doch mit ihr zu tun hatte.

„Ich hätte normalerweise schon drei Kinder." Sie sprach nicht weiter, sondern holte ein Taschentuch heraus und wischte sich die Tränen ab. Als sie sich wieder beruhigt hatte, fuhr sie fort: „Ich war noch sehr jung, zu jung für ein Kind, gerade erst neunzehn. Ich fühlte mich noch nicht bereit für ein Kind, ich wollte keins und hatte noch große Ziele vor Augen und war entschlossen, diese auch zu erreichen, als ich ungewollt schwanger wurde. Ich wollte Karriere machen und beruflich vorwärtskommen, da passte kein Kind hinein. Als mein damaliger Freund davon erfuhr, dass ich schwanger war, machte er auch noch mit mir Schluss. Ich stand allein da. Mit meinen Eltern konnte ich überhaupt nicht über die Schwangerschaft reden und sonst hatte ich auch keinen Menschen, mit dem ich mich hätte aussprechen können. Mein Ex-Freund gab mir das Geld für eine Abtreibung. Ich sollte nach Holland fahren und es dort machen lassen. Er war kein guter Mensch, er hatte einen schlechten Charakter, aber ich war auch nicht besser, denn ich fuhr dorthin und ließ es wegmachen. Ich hatte mir ein paar Tage Urlaub genommen, sodass keiner Verdacht schöpfen konnte. Niemand hat je davon erfahren. Danach ging ich wieder zur Arbeit und habe das, was ich getan hatte, auch schnell vergessen oder gut verdrängt. Zwei Jahre später lernte ich meinen heutigen Mann kennen.

Wir liebten uns sehr, waren glücklich und zogen zusammen. Mike wünschte sich Kinder und wollte auch nicht mehr länger warten. Ich war damals zweiundzwanzig Jahre alt und Mike dreißig. Er verdiente gut und wollte, dass ich zu Hause bliebe, wenn erst einmal ein Baby da sei. Ich hatte bei beiden Schwangerschaften große Probleme, die auf die frühere Abtreibung zurückzuführen waren. Es war ein großes Glück, dass ich überhaupt noch Kinder bekommen konnte. Als unsere Kinder heranwuchsen, bekam ich schlimme Gewissensbisse und dann kamen immer wieder diese Albträume. Mein Mann weiß bis heute nichts von meiner früheren Sünde, die ich begangen habe, denn es war eine Sünde.

Wenn ich Jugendliche sehe, die in dem Alter sind, in dem mein Baby jetzt wäre, ist es ganz schrecklich für mich und ich bekomme immer wieder diese Ängste. Ich quäle mich seither mit Selbstvorwürfen und würde alles darum geben, es ungeschehen machen zu können. Ich bin damals eigentlich nicht zu jung gewesen, das hatte ich mir nur eingeredet. Ich hätte bestimmt einen Weg gefunden, und daher ist mein Verhalten unverzeihlich. Dieses jämmerliche Schreien meines Babys hörst du auch? Wie kann das sein?" Ich antwortete: „Ich möchte nur, dass ich etwas tun kann, damit es aufhört."

„Was soll ich machen?", fragte Lisa. „Gib mir einen Rat."

„Vielleicht würde es helfen, wenn du einem anderen Kind helfen könntest. Zünde doch in der Kirche öfter eine Kerze an und bitte um Vergebung! Du kannst auch in ein Waisenhaus gehen und sehen, ob irgendwelche Hilfe benötigt wird. Vielleicht brauchen sie da gut erhaltene Kinderkleidung, du hast doch so viel. Oder sprich mal mit einem Priester, vertrau dich ihm an und bete! ", riet ich ihr. „Du bist der erste Mensch, mit dem ich darüber gesprochen habe, und ich bin sehr erleichtert", sagte Lisa.

Einige Wochen später erzählte sie mir, dass sie ihrem Mann die Abtreibung gebeichtet habe und er ihr verziehen und versprochen hätte, zu ihr zu halten und ihr zu helfen. Sie sagte zu mir: „Erst durch unser Gespräch ist es mir besser gegangen und ich habe angefangen, alles zu verarbeiten."

Mike und Lisa sind mit den Kindern ein letztes Mal umgezogen, haben sich ein kleines Haus gekauft und ich glaube, dass sie ihre innere Ruhe wiedergefunden hat.

Seit einigen Jahren ist Lisa sehr engagiert in einem Waisenhaus tätig. Ihr Mann Mike hat schon mehrere kleinere Reparaturen kostenlos übernommen und hilft, wo er kann.

Lisa organisiert zudem einen Transport für Kinderkleidung in arme Länder und hat großen Spaß daran.

Die Albträume sind seit dem Tag, an dem ich mit Lisa gesprochen hatte, nicht mehr wiedergekommen. Ich bin froh darüber und hoffe, dass ihr verziehen wurde.

Das Bild

Ein ehemaliger Kollege rief mich eines Tages an und fragte, ob ich Lust hätte, ihn in den nächsten drei Wochen zu seinen Kundenterminen zu begleiten. Natürlich sagte ich ihm zu, da es für mich eine Abwechslung sein und bestimmt Spaß machen würde. Vier Tage in der Woche fuhr ich mit ihm und es war tatsächlich eine große Freude. Erst jetzt merkte ich, wie sehr mir meine Arbeit, die ich aus gesundheitlichen Gründen auf keinen Fall wieder aufnehmen konnte, fehlte.

Am dritten Tag musste ich ihm jedoch sagen, dass es mir nicht gut gehe. In der Nacht zuvor hatte ich kaum geschlafen, da ich einen schlimmen Traum gehabt hatte. Ich fragte, ob wir nicht früher aufhören könnten. Glücklicherweise war er einverstanden, denn auch er hatte keine große Lust, da er am Abend zuvor noch lange Schriftverkehr am Computer erledigt hatte. So beschlossen wir, den wichtigsten Kundentermin wahrzunehmen und dann Feierabend zu machen. Unterwegs fragte er mich, was ich denn geträumt hätte. Erst wollte ich es ihm nicht erzählen, doch sein hartnäckiges Nachfragen veranlasste mich dann doch, darüber zu sprechen:

Ich träumte von einem älteren Herren, der einem Geschäftskollegen ähnlich sah, den wir beide kannten aber schon einige Jahre nicht mehr gesehen hatten. Er war akut erkrankt, hatte sich nicht mehr erholt und war ein paar Tage später verstorben. Ich sah die Beerdigung, die Bilder, die Trauernden, die Blumen, den Sarg, einfach alles.

„Ich sah auch den Toten, wie er im Sarg lag. Er sah anders aus, als ich ihn in Erinnerung hatte. Du warst auch auf dieser Beerdigung, ich habe dich auch gesehen." Er meinte nur: „Das kann doch nicht sein, was hätte ich denn da zu suchen?"

Am nächsten Tag berichtete er mir, dass er sich bei einem Bekannten über den älteren Herrn erkundigt habe: Es gehe ihm gut, er erfreue sich bester Gesundheit, ich müsse mir wegen des Traums keine Gedanken mehr machen. Ich war sehr froh darüber.

Am einem der nächsten Tage fuhren wir bei seiner Wohnung vorbei, da er noch Unterlagen mitnehmen musste, die er vergessen hatte. In seiner geschmackvoll eingerichteten Eigentumswohnung, in der es mir sehr gut gefiel, zeigte er mir ein 20 mal 30 Zentimeter großes Bild, das auf seinem Sekretär lag. „Das ist mein Vater. Ich habe dieses Bild gerade erst vergrößern lassen und brauche jetzt nur noch einen passenden Rahmen. Ich habe von meinem Vater kein größeres Foto und dachte mir, dass ich es anfertigen lassen sollte. Ich hatte das schon lange vor, aber du weißt ja, wie das ist, man verschiebt und vergisst es immer wieder. Beim Nachmachen einiger Urlaubsfotos habe ich endlich daran gedacht, das Bild meines

Vaters vergrößern zu lassen." Seine Eltern lebten beide noch und erfreuten sich bester Gesundheit, soweit man das in dem Alter von knapp achtzig Jahren noch sagen konnte.

Ich erschrak sehr, als ich dieses Foto sah, mir wurde ganz unheimlich und ich musste mich setzen, damit er es nicht bemerkte. Auf dem Tisch lag eine Zeitung, die ich schnell zur Hand nahm, und so tat, als ob ich lesen würde. Mir war ganz schlecht, denn der Mann auf diesem Bild, sein Vater, den ich noch nie zuvor in meinem ganzen Leben gesehen hatte, war der Mann von der Beerdigung, war der Verstorbene. Etwa drei Wochen später rief mein ehemaliger Arbeitskollege mich an und sagte, dass sein Vater im Krankenhaus sei und es ihm nicht gut gehe. Er war total aufgelöst und ich gab ihm den Rat, dass er sich, so oft es nur möglich sei, für seinen Vater Zeit nehmen und an sein Krankenbett setzen solle. Er sagte: „Du hast recht, das werde ich auch tun."

Sein Vater ist ein paar Tage später verstorben und er war an seiner Seite. Zur Beerdigung konnte ich nicht gehen, sprach ihm aber mein Beileid aus und sagte, dass ich ihm später einmal erzählen würde, warum ich nicht hatte kommen können.

Einige Monate später berichtete er mir von seiner Mutter, die sehr unter dem Alleinsein litt. Er sprach auch von seinem Vater. Das war nun die Gelegenheit, mit ihm über diesen Wachtraum zu reden.

Ich fragte ihn, ob er sich noch daran erinnern könne, als wir gemeinsam unterwegs gewesen waren und ich ihm von meinem Traum erzählt hatte. Er besann sich und fragte: „Den mit dem alten Herrn?" „Ja, genau der", antwortete ich. Ich sprach mit ihm über diesen Traum und von dem Foto, das er mir gezeigt hatte, aufgrund dessen ich dann gewusst hatte, dass es sich in meinem Traum um seinen Vater gehandelt hatte.

Wir sprachen noch über dies und das und zuletzt bedankte er sich noch einmal bei mir, weil ich ihm geraten hatte, sich viel Zeit für seinen Vater zu nehmen. Er meinte, er wäre sonst vielleicht nur zur Besuchszeit ins Krankenhaus gegangen und hätte in den letzten Minuten seines Lebens nicht bei ihm sein können.

Ist es nicht sonderbar, dass ich diesen Traum hatte und alles so eingetreten ist? Manchmal macht es mir schon richtig Angst, weil ich mir all das nicht erklären kann.

Sehnsucht

Eines Morgens hatte ich ein merkwürdiges Gefühl. Mir kam es so vor, als ob ich noch dringend etwas zu erledigen hätte, wusste aber nicht was. Im Laufe des Vormittags verstärkte sich das Gefühl, unbedingt meinen Vater sehen zu müssen. Meine Eltern wohnen nur drei Kilometer von uns entfernt. Je nachdem, wie es sich ergab, fuhr ich mehrmals in der Woche bei ihnen vorbei, um Einkäufe für sie zu erledigen oder einfach nur ein wenig zu plaudern. Sie waren gesund und konnten sich ganz gut selbst versorgen. Dieses eigenartige Gefühl, das ich nicht beschreiben konnte, ließ mich nicht mehr los und so sagte ich meinem Mann, dass ich meinen Vater heute noch besuchen müsste. Er redete mir zu, ich solle gleich gehen und ihm seine Grüße ausrichten. Mein Mann wusste mit der Zeit schon, dass sowohl meine Vorahnungen und Gefühle als auch meine Träume immer eine Bedeutung hatten, obwohl er bisher nicht an solche Dinge geglaubt hatte.

Mit einem unguten Gefühl fuhr ich zu meinen Eltern. Mein Vater saß in der Küche, es ging ihm gar nicht gut und er sah entsprechend schlecht aus. Meine Mutter erklärte mir: „Er hatte am frühen Morgen auf einmal Atemprobleme, ähnlich wie bei einer Er-kältung, es wird nicht so schlimm sein, das hat man ja öfter bei diesem nasskalten Wetter." Ich riet ihr, gleich den Arzt zu rufen, obwohl mein Vater dies nicht für nötig hielt. Er meinte, es würde schon wie-der gehen, wenn er sich ein wenig hinlege. So kannte ich ihn gar nicht. Er legte sich nur dann hin, wenn es unbedingt erforderlich war.

Als der Arzt kam, diagnostizierte er eine Lun-genentzündung, und mein Vater musste sofort ins Krankenhaus gebracht werden. In der Klinik wurde uns gesagt, dass es höchste Zeit gewesen sei, er hätte den Tag vielleicht nicht überlebt, da auch schon das Herz in Mitleidenschaft gezogen war. Er hing meh-rere Tage am Tropf und musste zwei Wochen in der Klinik bleiben, bis er sich wieder etwas erholt hatte. Wir waren alle froh, als er wieder gesund war, und ich musste häufig an meine sonderbare Vorahnung denken. Was wäre gewesen, wenn ich meinen Vater erst am Abend oder am Nachmittag besucht hätte?

Ich habe meiner Mutter davon erzählt und sie meinte, dass es ein großes Glück gewesen ist, dass ich schon am Vormittag gekommen war und darauf gedrängt hatte, den Arzt zu rufen. Sie hätte wahr-scheinlich noch gewartet, da sie den Ernst der Lage nicht erkannt hatte. Kann es sein, dass man solche Dinge bei Menschen fühlt, die einem nahe stehen?

Die kranke Tante

Ich weiß es noch genau, es war die Nacht vor dem Dreikönigstag am 6. Januar, als ich wieder einen dieser furchtbaren Träume hatte:

Ich sah die vor sechs Jahren verstorbene Großmutter meines Mannes am Küchentisch sitzen, den Kopf gesenkt, die Hände gefaltet wie zum Gebet. Sie saß ganz ruhig da und schien auf etwas zu warten. Zu Lebzeiten war sie eine sehr fleißige, liebenswerte Frau gewesen, die immerzu schwer hatte arbeiten müssen, die Kriegszeit mit ihren Kindern durchgemacht und es nie leicht gehabt hatte. Mit einem dunkelblauen Sonntagskleid und einer schönen Strickjacke bekleidet saß sie nun da am Küchentisch auf der Eckbank und wartete ganz still. Ich weiß noch, wie erstaunt ich war, dass ich gerade sie sah. Es war, als schaute sie mich an und wollte mir etwas mitteilen. Sie machte den Eindruck, als ob sie auf jemanden wartete, den sie abholen wollte. Ich überlegte, wer das wohl sein könnte.

Plötzlich nahm sie ein Foto und schaute es an. Ich konnte nicht sehen, wer darauf war und wurde ganz unruhig. Dann drehte sie das Bild um und ich konnte die Tante meines Mannes erkennen. Oh Gott, ja, sie hatte Krebs, aber es ging ihr doch schon seit einigen Jahren wieder gut. Wir hatten schon länger keinen Kontakt mehr gehabt, da sie weiter weg wohnte.

Als ich meinem Mann von dem Traum erzählt hatte, entschied er spontan, dass wir die Tante gleich am nächsten Tag besuchen würden, denn er ahnte, genau wie ich, dass dieser Traum nicht ohne Bedeutung war. Ich ging sofort los, um ein kleines Geschenk zu besorgen und entschied mich, da mir auf die Schnelle nichts einfiel, für einen kleinen Glücksklee. Den konnte sie sich dann auf ihre Fensterbank stellen, damit er ihr über die schwere Zeit, die sie vielleicht noch vor sich hatte, hinweghelfen konnte.

Schon am nächsten Tag fuhren wir einfach unangemeldet los. Der Onkel öffnete uns überrascht die Tür. „Da wird sich die Tante aber freuen euch zu sehen. Es geht ihr nicht gut. Der Krebs hat sich schon im ganzen Körper ausgebreitet", ließ er uns wissen. Die Krankheit war schon sehr fortgeschritten und sie konnte nicht mehr operiert werden. Die Tante musste schon die stärksten Schmerzmittel einnehmen, um es überhaupt noch auszuhalten.

Er öffnete die Wohnzimmertür und wir gingen hinein. Da lag sie auf der Couch, es war schrecklich, sie so zu sehen. Wir hätten sie fast nicht wiedererkannt. Sie freute sich sehr, als sie uns sah und wir versuchten, uns den Schreck nicht anmerken zu lassen. Als ich sie so daliegen sah, total abgemagert, von der Krankheit gezeichnet, musste ich mit den Tränen kämpfen. Sie konnte nicht mehr laufen und musste wie ein Baby versorgt werden. Es war schlimm.

Sie unterhielt sich mit uns, sprach leise, dass sie bald sterben würde und froh sei, wenn sie es endlich geschafft habe, denn die Schmerzen seien unerträglich. Sie hätte so gerne noch weitergelebt, sagte sie. „Ich hatte noch so viel vor und würde gerne meine drei Enkelkinder aufwachsen sehen. Leider werde ich das nicht mehr können." Mir liefen jetzt die Tränen über die Wangen und ich hielt ihre Hand. Es war entsetzlich, jemanden, den man gern hat, so zu sehen und nichts für ihn tun zu können. Ich hielt lange ihre Hand und hatte das seltsames Gefühl, das die verstorbene Großmutter auch dabei war. Wir blieben etwa eine halbe Stunde, um die Tante nicht zu sehr anzustrengen, und als wir uns verabschiedeten, wünschten wir uns gegenseitig alles Gute. Ich wusste, dass es ein Abschied für immer war, und sie wusste es auch.

Auf dem Heimweg waren wir ganz still. Mein Mann fuhr und sagte nichts, ich wischte immer wieder meine Tränen ab. Als wir schon eine Weile unterwegs waren, sagte mein Mann: „Vielleicht besucht sie uns ja auch noch einmal." „Nein, jetzt hat sie es bald geschafft. Spätestens in vier Wochen ist sie erlöst, glaub' es mir!", erwiderte ich ihm.

Ich betete für sie, dass alles ein gutes Ende nehmen würde.

Drei Wochen später bekamen wir die Nachricht, dass sie gestorben war. Sie hatte noch selbst ihre Beerdigung, den Kirchchor, den Blumenschmuck und sogar das Sterbebild organisiert – mithilfe ihres Mannes, der sie bis zur letzten Minute aufopferungsvoll gepflegt hatte, bis sie ruhig eingeschlafen war. Es war eine sehr würdige Beerdigung. Die Anzahl der Trauergäste war enorm, denn die Tante war sehr beliebt gewesen und hatte viele Freunde und Bekannte gehabt, die nun von ihr Abschied nehmen wollten.

Jetzt hat sie ihre Ruhe gefunden, und ich stelle mir manchmal vor, dass sie nun auch im „Traumland im Jenseits" ist.

Wenn ich ihr Sterbebild betrachte, denke ich an unseren letzten Besuch und bin sehr dankbar, dass wir uns noch von ihr verabschieden durften.

Ich hatte keinen Kontakt zu ihr im Jenseits. Da sie selbst vor ihrem Tod noch alles geregelt hatte, gehe ich davon aus, dass sie ganz in Ruhe gehen konnte und ihre Seele Frieden gefunden hat.

Der Krankenbesuch

Ein Bekannter von uns war vor etwa sieben Jahren an einem Hirntumor erkrankt. Die Diagnose hatte uns alle schockiert, als wir davon erfahren hatten. Mit seinen 53 Jahren stand er mitten im Leben und war wegen seiner lebenslustigen, netten Art sehr beliebt. Er wurde operiert und lag schon einige Wochen im Krankenhaus. Sein Zustand war nicht der beste.

Eines Nachts hatte ich wieder einmal einen meiner Wachträume, doch diesmal war alles anders als sonst. Ich sah Bilder, wie lustig und lebensfroh dieser Bekannte gewesen war, aber jetzt lag er, von Selbstmitleid zermürbt, in seinem Krankenbett und wollte nicht mehr leben. Es fehlte ihm jeglicher Lebensmut.

Als ich morgens aufstand, wusste ich, was zu tun war. Ohne weiter zu überlegen fuhr ich gleich am Vormittag zu ihm ins Krankenhaus. Als ich vor der Zimmertür stand, hatte ich ein seltsames Gefühl. Was wollte ich hier eigentlich? So gut kannte ich ihn ja auch wieder nicht und vielleicht war es auch gar nicht sinnvoll, wenn ich da jetzt einfach so hineinplatzte! Ehrlich gesagt hatte ich auch ein wenig Angst vor dem, was mich da erwarten würde. „Nein, jetzt bin ich schon einmal da, dann gehe ich auch hinein und besuche ihn ganz unverbindlich", dachte ich.

Ich erschrak, als ich ihn sah. Ein Häufchen Elend blickte mich ganz ungläubig an, abgemagert und blass, mit Augen, die ihren Glanz verloren hatten. Er sah mich an und versuchte zu lächeln, wohl um mir zu vermitteln, dass er sich über meinen Besuch freute.

Ich setzte mich neben sein Bett und er erzählte, dass er schon zweimal operiert worden sei und sich in keiner guten Verfassung befinde. Er wolle nicht mehr leben, sagte er, weil alles so schrecklich sei … In der Tat klang alles, was er sagte, negativ.

Ich ließ ihn reden und sagte dann: „Weißt du eigentlich, was ich schon alles hinter mir habe? Schau mal, ich kann dich verstehen, auch ich wollte nicht mehr leben, als ich diese wahnsinnigen Schmerzen hatte und die Ärzte mir keine Hoffnung mehr machten. Aber wie du siehst: Es gib noch Wunder! Ich habe darum gekämpft, wieder gesund zu werden. Sicher wird nicht alles gelingen, aber wenn noch eine kleine Hoffnung besteht, soll man sie nutzen. Jetzt bin ich froh, dass ich noch lebe. Ich hätte sonst doch meine Enkelkinder nicht mehr sehen können und meinen Mann zurücklassen müssen. Deine Tochter möchte bald heiraten und auch einmal Kinder haben. Willst du, dass deine Enkelkinder nur ein altes Foto von dir sehen und nicht mit dir spielen können? Du kannst doch deine Frau auch nicht so einfach allein lassen, was soll sie ohne dich machen?"

Ihm liefen Tränen über die Wangen. Es war ihm peinlich, dass er weinte. Ich hatte nicht beabsichtigt, ihn zu beschämen, doch dann sah ich in seinen Augen ein kleines Leuchten. Er hielt mir seine Hand entgegen und sagte: „Du hast recht, ich möchte doch auch gerne weiterleben. Aber ich weiß nicht, ob ich das schaffe." „Du schaffst das, wenn du es willst, du bist ein Kämpfer wie ich", machte ich ihm Mut.

Jetzt konnte er wieder lachen und ich freute mich, ihn aus diesem tiefen Loch herausgeholt zu haben. Wir unterhielten uns noch eine Weile, dann verabschiedete ich mich mit den Worten: „Also beeil dich, wieder gesund zu werden, ich freu' mich auf dich."

Ich ging mit einem guten Gefühl nach Hause und spürte, dass er alles tun würde, um wieder gesund zu werden. Natürlich war ich mir nicht hundertprozentig sicher, aber mit einer so negativen Einstellung wie er sie vor meinem Besuch gehabt hatte, hätte er es bestimmt niemals geschafft.

Etwa ein viertel Jahr später traf ich zufällig seine Frau. Sie sagte mir: „Gut, dass ich dich treffe, ich wollte mich schon lange bei dir bedanken. Mein Mann hatte schon aufgegeben und ich wusste nicht, wie ich ihm helfen sollte. Es kam mir damals so vor, als hätte dich der Himmel geschickt. Als ich an dem Tag, an dem du ihn besucht hattest, nachmittags ins Krankenhaus kam, hätte ich ihn fast nicht wiedererkannt. Er fragte mich nach dem Garten und erinnerte mich, dass das Auto zum TÜV müsste. Ein paar Tage später machte er sogar Pläne, was alles getan werden sollte, wenn er wieder zu Hause sein würde. Ich war so glücklich, dass er wieder Anteil nahm und leben wollte. Er hatte sich schon aufgegeben. Du weißt, dass ich Altenpflegerin bin. Es gelang mir nicht, meinem eigenen Mann Mut zu machen, bei anderen kann ich es. Ich war damals einfach so fertig, dass ich einfach keine Kraft mehr hatte. Danke für alles."

Wir hatten beide Tränen in den Augen. Es waren Tränen der Erleichterung und der Freude.

Ich war glücklich und es tat mir gut zu wissen, ihnen geholfen zu haben. Er ist nun wieder ganz gesund und hat inzwischen ein Enkelkind, das er fast täglich ganz stolz im Kinderwagen spazieren fährt.

Wenn wir uns gelegentlich treffen, unterhalten wir uns, und es tut gut, diesen Menschen wieder so glücklich zu sehen. Über meinen Besuch im Krankenhaus haben wir nie mehr gesprochen. Wahrscheinlich ist es ihm peinlich.

Reise in die Vergangenheit

Eines Tages rief ein Bekannter an, der etwas für meinen Mann erledigen wollte. Da er gerade nicht im Haus war, versprach ich, es ihm später auszurichten. Der Anrufer erkundigte sich, wie es mir denn jetzt mit meiner Krankheit gehe. Ich hatte das Gefühl, dass er mit jemandem reden wollte, und so unterhielten wir uns ein wenig und vergaßen darüber die Zeit.

Ich sprach auch von meinem Nahtoderlebnis und er hakte sofort nach, wie es denn gewesen sei, was ich gefühlt, gesehen und wie ich es empfunden hätte. Er schien sich sehr dafür zu interessieren und wollte alles genau wissen.

Plötzlich fing er an zu weinen und ich erschrak. Hatte ich etwas Falsches gesagt? Er entschuldigte sich und nachdem er sich beruhigt hatte, begann zu erzählen:

Einige Jahre zuvor hatte er einen schweren Unfall gehabt. Drei Finger hatten ihm danach amputiert werden müssen und sein rechter Arm war steif geblieben. Noch Monate später hatte er unter starken Depressionen gelitten, weil er sich im Leben nicht mehr zurechtgefunden hatte. Vor seiner Frau, der Familie und seinen Freunden war er sich wie ein Krüppel und Versager vorgekommen, weil er viele Arbeiten nicht mehr allein verrichten konnte und auf fremde Hilfe angewiesen war. Weil er immer öfter an Selbstmord gedacht hatte, war er auch in ärztlicher Behandlung gewesen.

Mit seiner Familie und seiner Frau hatte er darüber nicht sprechen können. „Ich fiel denen doch schon genug zur Last", meinte er. „Dass ich das falsch beurteilt hatte, weiß ich heute", fuhr er fort.

Als seine Frau für zwei Tage verreist war, waren seine Depressionen wieder so stark geworden, dass er versucht hatte, sich umzubringen. Er hatte dem Ganzen ein Ende bereiten und keinem mehr eine Last sein wollen. „Wenn meine Frau wieder nach Hause kommt, hat es sich schon erledigt", hatte er damals gedacht. Mir wurde bei seinen Worten ganz übel und ich dachte bei mir, wie man so etwas nur tun könne, denn irgendwie gibt es doch immer einen Ausweg. So viele Menschen, die früh sterben müssen, wären froh, wenn sie noch weiterleben dürften.

Ich ließ ihn reden und unterbrach ihn kein einziges Mal. Was er dann erzählte, lässt mir heute noch kalte Schauer über den Rücken laufen.

Er hat tatsächlich Selbstmord verübt.

Auf dem Weg, den er danach gehen musste, war es furchtbar kalt und dunkel. Er hörte viele jämmerlich weinende und schreiende, fast schon johlende Stimmen. Hässliche Gestalten streiften seinen Körper und zupften an ihm herum. Sie traten ihn und versuchten, ihn zu schlagen. Er hatte schreckliche Schmerzen. Es war so schlimm, dass er sich gedacht hatte, dass dies nur die Hölle sein könne. „Nein", sagte er sich, „so etwas will ich nie wieder erleben, da will ich auch nicht hin."

Er ist dann im Krankenhaus aufgewacht, wo man ihn reanimiert hatte. Seine Frau war nämlich schon am Abend zurückgekommen, da sie doch nicht bei ihrer Freundin übernachtet hatte. Gott sei Dank hatte sie ihn noch rechtzeitig gefunden und den Notarzt rufen können.

Noch im Krankenhaus hat er mit seiner Frau über seine Gefühle, vor ihr als Versager dazustehen und immerzu auf ihre Hilfe angewiesen zu sein, geredet. Er sprach mit ihr über alles, nur über diesen Weg, den Weg in die Hölle, nicht. Bis heute hat er nur mir davon erzählt, weil er sich schämt – oder weil ihm vermutlich sowieso niemand glauben würde.

„Die halten mich doch nur für verrückt", meinte er. Ich versuchte, ihn zu überreden, mit seiner Frau darüber zu sprechen. Er wollte es aber nicht.

Er war schon sehr froh, wenigstens mit mir darüber gesprochen zu haben, das hatte ihm schon sehr geholfen. Wie ich, hatte auch er Angst davor, psychotisch zu sein. „Vielleicht spinnen wir ja beide." sagte ich lachend zu ihm. Er meinte, dass dies bestimmt nicht so sei und wir beide das auch wüssten.

Ich fragte ihn, ob es irgendetwas gäbe, das ihm nach wie vor großen Spaß machen würde. Er war früher Elektromechaniker gewesen, konnte diesen Beruf aber wegen des steifen Arms nicht mehr ausüben. Ich erfuhr, dass er sich gerne intensiv mit Elektroteilen und Elektronik beschäftigte und viele Kataloge durcharbeitete, um auf dem neuesten Stand zu bleiben. Ich empfahl ihm, sich damit auch beruflich zu beschäftigen, denn viele Hausbesitzer wären froh, wenn sie eine ausführliche und fachlich fundierte Beratung zu Hause oder am Telefon erhielten. Er fand die Idee gut und setzte sich mit seinem früheren Arbeitgeber in Verbindung, der sofort einverstanden war, dies auszuprobieren.

Die neue Aufgabe gab ihm Kraft und zeigte ihm, wie sehr er noch gebraucht wurde. Inzwischen geht es ihm so gut, dass er oft gar nicht mehr an seine Behinderung denkt, weil er viel zu sehr mit anderen Dingen beschäftigt ist.

Er hat sein Leben total umgestellt, sich eine Aufgabe gesucht und wieder Spaß am Leben gefunden. Er kann sich, trotz seiner Behinderung, wieder auf jeden Tag freuen und ist glücklich mit seiner jetzigen Situation. Über unser Telefonat haben wir nie mehr gesprochen.

Anscheinend gibt es wirklich so etwas wie eine Hölle. Wenn man großes Unrecht begangen hat – und dazu gehört auch Selbstmord – braucht es einen Ort, an dem die Seele geläutert werden kann. Ich glaube, dass der Freitod das Schlimmste ist, das man seiner Familie und seinen Freunden antun kann, denn sie werden sich vielleicht ewig fragen, wie sie es hätten verhindern können, und unendlich viele Fragen bleiben für immer unbeantwortet.

Das Leben kann so großartig sein, man muss nur seine Sichtweise ändern, sich auch einen Sinn für die kleinen Dingen bewahren und sie genießen, mit offenen Augen durch die Welt gehen und sich an ihrer Vielfalt erfreuen. Wir können unseren Mitmenschen helfen und dadurch selbst wieder Freude im Leben finden. Es gibt so viel, was man tun kann, allein schon die vielen Vereine und Hilfsorganisationen, denen man sich anschließen oder bei denen man sich selbst Hilfe suchen kann.

Man sollte sich im Leben ein Ziel setzen, das man erreichen möchte. Dies sollte natürlich nicht zu hoch sein – sonst ist man schnell frustriert –, aber auch nicht zu leicht – eine kleine Herausforderung sollte es schon sein. Wenn wir uns keine Ziele setzen, finden wir auch nicht unseren Weg.

Jeder von uns hat, als er auf diese Erde kam, ein Ziel mitgebracht, und um dieses zu erreichen, leben wir.

Neuer Lebensmut

Vor einigen Jahren, als ich auf dem Weg zu einem meiner Kunden war, schien es mir, als hätte ich eine sehr schwierige Aufgabe vor mir. Den ganzen Tag hatte mich schon ein schwer zu beschreibendes Gefühl begleitete und ich war sicher, dass etwas Außergewöhnliches passieren würde. Ich fuhr also zu diesem Termin. Die Familie hatte einen Sohn und wohnte im vornehmen Viertel einer Großstadt. Die ganze Straße war nur mit luxuriösen Häusern gesäumt. Überall parkten teure Autos. Die Menschen, die hier wohnen, haben bestimmt keine Geldprobleme, dachte ich, als ich vor einer wunderschönen, gepflegten Villa einparkte.

Auf mich machte das keinen Eindruck, denn bei mir war jeder Kunde gleich viel wert und ich behandelte auch alle gleich gut. Es öffnete mir die Frau des Hauses und bat mich hinein. Als ich durch das Treppenhaus ging, bemerkte ich einen Rollstuhl und einen nachträglich eingebauten Treppenlift.

Ich vermutete, dass vielleicht ein älteres, gehbehindertes Familienmitglied mit im Haus wohnte. Im Esszimmer saß der Hausherr und bot mir Kaffee an, bevor wir unser Gespräch begannen. Wir wurden uns geschäftlich schnell einig und unterhielten uns anschließend noch über dies und das. Nach etwa einer Stunde, kurz bevor ich gehen wollte, fragte ich, ob sie den Treppenlift erst vor kurzem hatten anbringen lassen. Der Mann nickte und sagte: „Ja, für unseren Sohn." Sie fragten, ob ich noch ein wenig Zeit hätte und da ich bemerkte, dass die beiden jemanden zum Reden brauchten und froh waren, dass ich danach gefragt hatte, bejahte ich und sie begannen zu erzählen:

Ihr einziger Sohn Christoph war 23 Jahre alt und hatte vor mehr als einem Jahr einen schweren Motorradunfall gehabt. Seitdem benötigte er einen Rollstuhl. Er war sehr depressiv, da er mit seinem Schicksal haderte und nicht mehr weiterleben wollte. Christoph hatte Bautechniker gelernt und war in seinem Beruf sehr erfolgreich und ein lebensfroher und lustiger junger Mann gewesen, der durch seine nette Art überall schnell Anschluss gefunden hatte.

Christoph hatte geplant, mit seiner Freundin eine Familie zu gründen, doch sie hatte ihn vor einem halben Jahr verlassen, weil er sie buchstäblich von sich gestoßen hatte. Sie hatte sich von ihm getrennt, weil es für sie nicht mehr auszuhalten gewesen war, ihn so leiden zu sehen. So saß er nun stundenlang in seinem verdunkelten Zimmer, wollte mit niemandem sprechen und machte höchstens ein paar Gymnastikübungen, die ihm der Arzt verordnet hatte. Seine Mutter hatte Tränen in den Augen, als sie davon erzählte, wie sie ihn einmal gerade noch rechtzeitig hatte davon zurückhalten können, sich das Leben zu nehmen.

So lebten sie nun in ständiger Angst um ihn und trauten sich schon gar nicht mehr aus dem Haus – aus Sorge, er könnte sich etwas antun.

„Darf ich mal zu ihm?", bat ich. Sie nickte und führte mich zu seinem Zimmer, wobei sie die Befürchtung äußerte, dass er uns bestimmtnicht hereinlassen würde.

Sie klopfte an seine Zimmertür und er rief: „Verschwinde, lass mich in Ruhe!" Ich hakte nach: „Hallo, darf ich reinkommen, ich muss nach dem Rollladen sehen, der ist vermutlich kaputt." Ich weiß nicht, warum ich das gesagt habe, es ist mir in diesem Moment einfach so eingefallen. Es war kurz still, dann sagte er: „Wenn's sein muss."

Ich ging hinein und schaute in zwei wunderschöne, große, blaue Augen. Der gutaussehende junge Mann saß wie ein Häufchen Elend in seinem Rollstuhl und starrte ins Leere. Dann blickte er mich ganz gespannt an, als ich den Schalter drückte und den Rollladen hochfahren ließ. „Warum sitzt du denn hier im Dunkeln?" fragte ich. Ich duzte ihn gleich, da er im Alter meines Sohnes war. „Was soll ich denn sonst machen? Sehen Sie mich doch an", antwortete er unwirsch. „Das kann ein Grund sein, aber kein Hindernis", sagte ich. „Was würdest du denn tun, wenn du gesund wärst?" Er überlegte und fragte: „Warum soll ich Ihnen das sagen?" Ich ließ nicht locker: „Du bist etwa so alt wie mein Sohn, darum interessiert es mich." – „Ich würde Fußball spielen, wie früher, und draußen im Garten arbeiten." – „Und warum gehst du nicht raus?" fragte ich. „Was soll ich denn da? Ich sitze doch in diesem blöden Stuhl." – „Na und? Es gibt doch auch Rollstuhlfahrer, die Basketball oder Handball spielen. Ich kenne jemanden, bei dem ich mich mal danach erkundigen könnte."

Er zuckte nur mit den Schultern. „Wenn ich nächste Woche mit den Unterlagen für deine Eltern wiederkomme, bringe ich dir die Telefonnummer mit, dann kannst du ja mal ganz unverbindlich anrufen und fragen." – „Mal schauen", sagte er.

„Na, das war ja schon mal was", dachte ich und sah Christophs Mutter an, deren Lächeln nicht zu übersehen war. Wir gingen wieder nach unten und als wir uns verabschiedeten, bedankte sie sich bei mir und meinte: „Es erstaunt mich, dass er mit Ihnen geredet hat. Er spricht sonst nie mit Fremden, er will immer seine Ruhe. Aber Gott sei Dank haben Sie nicht gleich aufgegeben. Ich glaube, Sie sind ihm sympathisch. Übrigens, das mit dem defekten Rollladen war wirklich eine gute Idee!"

Am nächsten Abend hatte ich wieder einen Wachtraum. Ich sah Christoph, wie er lachend und vor Lebenslust sprühend einen Weg entlangfuhr. Ein Hund kam auf ihn zugerannt, der ihm einen Stock brachte. Christoph lobte ihn dafür und warf ihn gleich darauf wieder fort. Das war die Idee …

Am folgenden Morgen rief ich bei der Familie an und fragte, ob ich am Nachmittag kurz vorbeikommen könnte. Sie freuten sich und luden mich gleich zum Kaffee ein. Ich fuhr hin, erzählte von meiner

Idee und der Vater war sofort begeistert: „Es wäre gut, wenn Christoph wieder eine Aufgabe hätte. Wir haben einen großen Garten und wenn Christoph einen Hund hätte, dann müsste er ja rausgehen."

Die Mutter gab Christoph Bescheid, dass ich gekommen sei, und er kam tatsächlich zu uns herunter ins Wohnzimmer. Ich gab Christoph die Adresse und Telefonnummer von dem Basketballverein für Rollstuhlfahrer und fragte ihn, ob er denn Lust und Zeit für einen Hund hätte. Ich sah ein Leuchten in seinen Augen und er sagte: „Ja, vielleicht! Warum, haben Sie einen? Aber da muss ich ja raus und das kann ich nicht und will ich nicht. Die Leute schauen immer so idiotisch, wenn ich mit diesem doofen Ding herumfahre." Er zeigte auf seinen Rollstuhl.

„Die sollen froh sein, dass sie laufen können", gab ich zur Antwort. „Da fällt mir gerade etwas ein: Bekannte von unseren Nachbarn müssen umziehen, die haben einen einjährigen Collie, den sie in der neuen Wohnung nicht mehr halten dürfen. Sie wollen ihn, wenn sie niemanden finden, ins Tierheim geben. Ich kann ja einmal fragen, ob sie ihn noch haben." – „Ja, tun Sie das!"

Ich freute mich und lächelte Christoph zu: „Das finde ich ganz toll von dir. So wie jetzt hättest du auch nicht mehr lange weitermachen können. Du bist doch ein hübscher, junger Mann und kannst noch so viel in deinem Leben machen. Sieh es mal so: Du hast eine zweite Chance bekommen, zwar keine hundert Prozent mehr, aber das, was du hast, kannst du gezielt einsetzen und auch wieder Spaß am Leben finden." Er hatte Tränen in den Augen. „Meinen Sie? Ich glaube Sie haben recht."

Als ich ging, flüsterte mir seine Mutter an der Haustüre zu: „So viel wie heute hat er das letzte halbe Jahr nicht mehr gesprochen." Sie nahm mich dankbar in den Arm und drückte mich, mit Tränen der Erleichterung und Freude in ihren Augen.

Den ganzen Heimweg habe ich mich darüber gefreut, dass ich es geschafft hatte, diesen jungen Mann mit nur ein paar aufmunternden Worten aus seinem Schneckenhaus zu locken.

Der Collie war leider schon vergeben und so fuhr Christophs Vater gleich am nächsten Tag in ein Tierheim und holte einen ganz lieben Hund, Lissi eine zweijährige Golden-Retriever-Dame.

Eine Woche später riefen mich die Eltern an und erzählten mir, dass Christoph täglich mit Lissi im Garten sei und schon einige Spaziergänge mit ihr gemacht habe. „Wir sind so glücklich darüber. Wie können wir Ihnen nur danken?", fragten sie. „Das ist in Ordnung", sagte ich, „wichtig ist doch, dass wir Christoph helfen konnten." Ich freute mich sehr für die beiden und ihren Sohn und sagte, dass sie sich irgendwann einmal wieder bei mir melden und mich auf dem Laufenden halten sollten.

Seitdem sind nun einige Jahre vergangen. Christoph hat umgeschult und ist jetzt Architekt. Er arbeitet von zu Hause aus und hat sehr viele Aufträge. Seit etwa einem Jahr hat er eine Freundin, die jetzt ein Baby von ihm erwartet. Sie wollen heiraten und Christoph freut sich wahnsinnig auf den Nachwuchs. Lissi ist immer noch bei ihnen und fühlt sich sehr wohl. Mittlerweile ist sie eine etwas ältere Hundedame, die mehr ihre Ruhe möchte.

Ich bin sehr froh und glücklich, dass ich dem jungen Mann so gut hatte helfen können. Es gibt bestimmt viele Menschen, die nach einem solchen Schicksalsschlag deprimiert sind, und ich hoffe, dass auch sie jemanden finden, der ihnen zur Seite steht und Mut macht.

Solche Art Wachträume liebe ich, habe aber manchmal auch Angst, dass ich es eines Tages vielleicht nicht mehr schaffe zu helfen. Aber auch dann werde ich nicht aufgeben, denn es gibt immer einen guten Weg, man muss nur bereit sein, ihn zu gehen.

Gefangen in Selbstmitleid

Eines Tages erfuhr ich, dass die Frau eines früheren Bekannten einen Schlaganfall erlitten hatte. Sie war Mutter dreier Töchter, die sechzehn, vierzehn und fünf Jahre alt waren. Es ging ihr sehr schlecht. Ich hatte Angst, mich näher über sie zu erkundigen, da ich nicht wusste, wie ihre Familie darauf reagieren würde. Nach dem Krankenhausaufenthalt wurde sie in eine sechzig Kilometer entfernte Rehaklinik verlegt. Etwa zwei Monate später wurde mir bewusst, dass ich fast täglich an diese junge Mutter denken musste. Sie war erst 42 Jahre alt und hatte ein solches Schicksal zu tragen. Wenn jemand Verständnis für sie haben konnte, was sie gerade durchmachte, dann ja wohl ich, denn ich hatte ja selbst drei Schlaganfälle durchlitten und wusste, wie es dem Betroffenen und der Familie in einer solchen Situation geht.

Als ich eines Abends wieder einmal an diese Familie dachte, nahm ich das Telefon und rief den Ehemann an.

Er kann ja auflegen, wenn er nicht mit mir sprechen möchte, dachte ich. Anders als erwartet, freute er sich über meinen Anruf und meinte, dass er schon länger vorgehabt hätte, mich anzurufen, sich aber nicht getraut hätte. „So ging es mir auch", sagte ich.

Wir unterhielten uns lange und er erzählte mir alles über den Gesundheitszustand seiner Frau, die nun halbseitig gelähmt war und im Rollstuhl saß: „Sie lässt sich gehen und hat keine Kraft, damit umzugehen. Ihre Hilflosigkeit und Hoffnungslosigkeit lassen sie immer wieder in Tränen ausbrechen. Wir tun alles für sie, um ihr zu helfen."

Ich sprach ihm gut zu: „Bestell ihr liebe Grüße und hol bei mir eine Kleinigkeit für sie ab." Ich hatte ihr einen Brief geschrieben, in dem ich kurz von meiner Krankheit erzählte und sie bestärkte, dass es Hoffnung gäbe, wieder gesund zu werden, wenn sie sich der Krankheit stellen und dagegen ankämpfen würde. Es waren ein paar gute Ratschläge und Tipps, die auch mir geholfen hatten, wieder gesund zu werden. Außerdem schlug ich ihr vor, dass wir uns mal persönlich kennenlernen könnten. Eine kleine Schutzengelfigur, die ihr helfen sollte, legte ich auch noch bei.

Zwei Wochen später rief mich der Bekannte wieder an und erzählte mir von seiner Frau: „Sie hat Depressionen, weint sehr viel, weil sie keine Fortschritte macht, und möchte auch keine Besuche bekommen." Darauf sagte ich ihm: „Das war bei mir ähnlich. Ich würde sie trotzdem gerne besuchen, vielleicht kann ich etwas erreichen, wenn ich mich mit ihr unterhalte."

Nach drei Monaten Rehaklinik durfte sie für einige Tage nach Hause und freute sich sehr darüber, hatte aber auch große Angst vor der Zukunft.

Ihr Mann und die Kinder kümmerten sich rührend um sie. Ich wurde zum Nachmittagstee eingeladen und freute mich, endlich die ganze Familie kennenzulernen. Ich brachte ihr Pralinen und selbstgestrickte Socken mit, da ich wusste, dass man nach einem Schlaganfall immer kalte Füße hat. Wir begrüßten uns und sprachen uns gleich mit Vornamen an. Sie hatte inzwischen zwar gelernt, mit dem Stock zu gehen, es bereitete ihr jedoch große Schwierigkeiten. Der linke Arm war noch ganz gelähmt und so nahm ich ihre kranke Hand in meine und begann, sie zu massieren „Tut das gut?", fragte ich und sie nickte. „Das kannst du auch immer mal zwischendurch selbst machen, indem du die kranke mit der gesunden Hand massierst."

Mir fiel auf, dass ihr Mann alles für sie erledigte, ihr sogar die Teetasse gab, damit sie sich nicht bewegen und anstrengen musste. „Es ist lieb von dir, dass du deiner Frau alles abnehmen möchtest, aber lass sie selbst mehr tun, damit sie sich auch ein wenig anstrengen muss und wieder Übung bekommt", riet ich ihm.

„Mir fällt gar nicht auf, dass ich das mache, du hast recht", antwortete er. Ich fragte nach, ob sie einen Heimtrainer hätten. „Ja", sagte der Bekannte, „der steht im Keller." „Hol ihn unbedingt herauf und lass deine Frau jeden Tag etwas damit üben. Motiviere sie und hilf ihr dabei, jeden Tag etwas mehr zu trainieren, und ihr werdet schon bald die ersten Erfolge sehen, glaubt mir! Ich habe auch so angefangen. Man muss schon etwas tun, um wieder gesund zu werden. Meine kleinen Fortschritte, die ich jeden Tag machte, schrieb ich danach in ein kleines Büchlein und war stolz darauf, dass meine Ausdauer und Kraft von Tag zu Tag zunahmen. Mein Selbstbewusstsein wuchs und meine Depressionen vergingen. Meine Hilflosigkeit verschwand und ich machte bald wieder Zukunftspläne", erzählte ich. Sie antwortete: „Das kann ich nicht." „Doch, das kannst du! Probiere es erst einmal aus und gib nicht gleich wieder auf", bestärkte ich sie.

Nach vier Wochen telefonierten wir wieder miteinander und sie erzählte mir von den ersten Erfolgen. Sie konnte einige Schritte ohne Stock gehen und übte täglich auf dem Heimtrainer. Was mich am meisten freute: Sie konnte ihren Arm wieder ein wenig bewegen und das Taubheitsgefühl war zurückgegangen.

Die Familie war ganz zuversichtlich, dass es mit der Zeit noch besser werden würde, und ich habe mir oft gedacht, dass ich mich vielleicht schon viel früher mit ihr hätte unterhalten sollen …

Das rote Buch

Als ich vom plötzlichen Tod meines Hausarztes erfuhr, war ich erschrocken und traurig. Dieser Mann hatte vor kurzem erst seinen 60. Geburtstag gefeiert und nun seine Familie, eine Frau und drei erwachsene Kinder, zurückgelassen. Immer war er für andere dagewesen und nun hatte er selbst so früh sterben müssen. Ich hatte ihn sehr geschätzt, da er mir und meiner Familie auch schon oft viel Gutes getan hatte.

Kurz nachdem er beerdigt war, hatte ich drei Nächte hintereinander immer wieder den gleichen Wachtraum. Dass ein Traum täglich kam, hatte ich bis dahin noch nie erlebt. Was sollte ich tun? Mir fiel ein, dass eine langjährige, gute Bekannte von mir mit der Frau des Arztes befreundet war. Ich rief sie an und erzählte ihr von meinem Traum.

Schon am nächsten Morgen meldete sich die Witwe des Arztes bei mir und bestätigte mir die Gegebenheiten, die ich in meinem Traum gesehen hatte:

Er saß in einem seiner Behandlungszimmer am Schreibtisch, hielt ein Foto seiner drei Kinder in den Händen, schaute es traurig an und strich sich nachdenklich über den Kopf. Es sah aus, als nähme er innerlich Abschied von ihnen. Dann stand er auf und holte aus dem Regal hinter sich ein dickes, rotes Buch, öffnete es, legte einen Zettel hinein und stellte es ins Regal zurück. Außerdem griff er noch nach einem grünen Buch, sah es an und stellte es wieder zurück.

Immer wieder hatte ich diese Bilder gesehen, ohne sie deuten zu können.

Die Arztfrau erzählte mir, dass sie das rote Buch bereits gefunden und eine Nachricht ihres Mannes darin entdeckt habe. Nur das grüne könne sie nicht finden und daher bat sie mich, mit ihr in die Praxis zu fahren.

Als wir dort ankamen, überkam mich sofort ein merkwürdiges, beklemmendes Gefühl. Es fühlte sich alles irgendwie kalt an. Erst als ich zielstrebig in das Behandlungszimmer trat, das ich in meinem Traum gesehen hatte, spürte ich eine wohlige Wärme. Schnell konnte ich das grüne Buch finden, in dem eine Widmung stand. Ich vermute, dass er damit zum Ausdruck bringen wollte, wie viel ihm diese Bücher bedeuteten. Seine Frau hatte nämlich vorgehabt, alle Bücher zu verschenken bzw. zu entsorgen, weil sie nichts mit ihnen anzufangen wusste.

In der nächsten Nacht sah ich ihn noch einmal. Er lächelte, breitete seine Arme aus und zog seine Frau mit einer innigen Umarmung an sich und strich ihr mit einer Hand über den Kopf. Durch ein helles, warmes Licht verschwand er dann plötzlich.

Danach hat er sich nie wieder bei mir gemeldet und ich gehe davon aus, dass er seinen Frieden gefunden hat. Es war eine Erleichterung für mich, dass ich so schnell hatte helfen können. Die Frau bedankte sich später nochmals bei mir. Die Mitteilung in dem Buch war ihr eine große Hilfe gewesen, denn diese hatte ihr bestätig, dass ihr Mann sie bis zuletzt geliebt hatte.

Wie lebendig

Ein früherer Arbeitskollege meines Mannes, mit dem wir nach wie vor befreundet waren, hatte ebenfalls ein schweres Schicksal zu tragen.

Ich nenne ihn Jürgen. Er hatte mit meinem Mann vor etwa zwanzig Jahren in einem Industriebetrieb gearbeitet und eine verantwortungsvolle Stelle gehabt.

Seine Eltern waren sehr früh verstorben, sodass er bereits im Alter von etwa sechzehn Jahren hatte lernen müssen, auf eigenen Beinen zu stehen.

Er wohnte in einem kleinen Haus mit einem großen Garten am Waldrand, das seine Eltern ihm vererbt hatten, und musste sich – neben seinem Beruf – noch um jede Menge anderer Dinge kümmern. Jürgen war fleißig und wollte auch mit aller Kraft die Erinnerung an seine Eltern erhalten, so gut es ging. Er pflegte Haus und Garten und lernte, allein zu leben.

Seine Eltern hatten ihm unter anderem zwei Holzfiguren hinterlassen, die Maria und Josef darstellten. Sie waren etwa vierzig Zentimeter hoch und außergewöhnlich schön. Ich hatte sie einmal kurz gesehen und war total begeistert von ihrer Ausstrahlung, denn es schien, als ob ihre Augen lebendig seien.

Jürgen wünschte sich eine eigene Familie und Kinder. Nach einigen Jahren lernte er eine junge Frau kennen, die bald darauf bei ihm einzog. Sie war nett und hübsch, mein Mann und ich freuten uns, dass er nicht mehr allein war und einen Menschen zum Reden und Liebhaben hatte.

Nach einigen Wochen kam Jürgen mit den Figuren von Maria und Josef zu uns und bat mich, diese für ihn aufzubewahren. Seine Freundin möge die Figuren nicht, sagte er, sie seien ihr unheimlich. Natürlich tat ich ihm den Gefallen und fand einen schönen und geeigneten Ort.

Jedes Mal, wenn ich die Figuren in die Hand nahm, machte ich die gleiche Erfahrung: Es war, als ob sie mich direkt ansähen. Bei der Josefsfigur fühlte ich es nicht so stark wie bei Maria. Ich hielt sie fest – und sie sah mich an. Es war mir, als ob diese Figur Wärme und Lebendigkeit ausstrahle und ihre Augen schienen zu leuchten. Mir fehlen die passenden Worte, es war in jedem Fall ein warmes und angenehmes Gefühl, wenn ich sie hielt oder ansah.

Eines Tages hatte ich dann diesen Traum, in dem die Figuren immer größer wurden, schließlich Menschengestalt annahmen und sich bewegten. Schließlich erkannte ich in ihnen Jürgens verstorbene Eltern. Der Vater stand nur still da, doch die Mutter versuchte, mir etwas mitzuteilen, das ich jedoch nicht verstehen konnte. Nach einiger Zeit wusste ich, was sie meinte: Sie wollte wieder bei ihrem Sohn sein, um ihn vor etwas zu beschützen.

Nach einigen Monaten erzählte uns Jürgen, dass seine Freundin ihn verlassen und es wohl auch nicht ehrlich mit ihm gemeint hatte. Da er wieder allein war, holte er seine Figuren ab. Ich gab sie ihm in die Hand und sagte: „Es kommt mir vor, als ob sie mich ansehen würden. Sie sind etwas ganz Besonderes. Pass gut auf sie auf und gib sie nie wieder her."

Jürgen entgegnete, dass er genauso empfand.

Nach seiner Abfahrt dachte ich noch ein wenig nach und wusste auf einmal, warum seine Freundin die Figuren nicht gemocht hatte. Sicher hatte sie ebenfalls diese Kraft gespürt, die ihr nicht guttat, da sie es nicht ehrlich mit Jürgen gemeint hatte. Konnte es sein, dass diese Figuren tatsächlich auf Jürgen aufpassten?

Eines Tages, als Jürgen bei der Arbeit war, hatte sich ein anderer Arbeitskollege nicht an die Sicherheitsvorschriften gehalten und war tödlich verunglückt. Er hinterließ Frau und Kinder. Dieser Unfall belastete Jürgen damals sehr, denn er gab sich die Schuld dafür. Er hätte es aber nicht verhindern können, was auch gerichtlich nachgewiesen wurde.

Er war längere Zeit in ärztlicher Behandlung, da er mit diesem schrecklichen Erlebnis nicht allein zurechtkam. Für ihn war es so furchtbar, dass er irgendwann seinen Arbeitsplatz nicht mehr betreten konnte. Er schulte nach einiger Zeit um und wurde Altenpfleger. Wir konnten nicht verstehen, warum er grade diesen Beruf gewählt hatte. Jürgen aber liebte seine neue Aufgabe und hatte seine innere Ruhe wiedergefunden. Es schien, als glaubte er, etwas gutmachen zu müssen. Tief in seinem Inneren wusste er bestimmt, dass er keine Schuld an dem Unfall hatte.

Welchen Grund es genau hatte, dass er diese anstrengende Arbeit wählte, weiß ich nicht, bewundere ihn aber dafür. Manchmal, wenn wir telefonieren und er sich wieder einmal ganz allein fühlt, sage ich zu ihm: „Du bist nicht allein. Die Figuren sind für dich da und passen auf dich auf."

Der leuchtende Baum

Eines Nachts, als ich wieder einen meiner Wachträume hatte, geriet ich an meine Grenzen. Es handelte sich, wie ich nach einigen Wochen herausfand, um eine in der Politik angesehene Persönlichkeit. Wochenlang hatte ich immer wieder die gleichen Bilder im Kopf und wusste nicht, wie ich dieser armen Seele helfen sollte. Die Familie des Verstorbenen kannte ich nicht und ich hatte keine Möglichkeit, mit ihr in Kontakt zu treten. Nach einigen Wochen traf ich durch Zufall den Bruder des Verstorbenen und begann vorsichtig, ihm von meinen Wachträumen zu erzählen. Ich war froh, dass er sich dafür interessierte und es nachvollziehen konnte. Mit all diesen Bildern, die ich nicht verstehen konnte, wusste er etwas anzufangen: „Ich weiß, was er mir mitteilen will und bin froh, jetzt in seinem Sinne die richtigen Entscheidungen treffen zu können." Er berichtete mir Folgendes: „Mein Bruder hat ein nicht unbedeutendes Vermögen hinterlassen, das ich verwalte – was mir manchmal nicht ganz leichtfällt."

Zum Nachlass gehört auch ein größerer Bauernhof, auf dem der Verstorbene gewohnt hatte. In meinem Traum sah ich, wie er mitten im Hof, neben einem großen, hell leuchtenden Kastanienbaum stand. Ringsumher war alles grau und farblos, nur der Hof und der Baum strahlten. Der Verstorbene hatte die Dinge, die ihm am wichtigsten waren, also besonders hervorgehoben. Ich möchte hier keine Details wiedergeben, da diese nur für engste Familienmitglieder und nächste Verwandte bestimmt waren.

Nach dem Gespräch hielten sein Bruder und ich Kontakt, um uns über eventuelle weitere Wachträume austauschen zu können. Es dauerte bestimmt zwei Wochen, bis ich wieder neue Bilder sah. Der Verstorbene stand diesmal mitten auf seinem Hof, neben dem leuchtenden Kastanienbaum, und lächelte. Er sah zufrieden aus, hob seine Hand wie zu einem Gruß und wurde dann immer transparenter. Ich kann es nicht anders beschreiben, er war auf einmal in diesem Licht verschwunden. Seit diesen letzten Bildern, die ich sah, hat er keinen Kontakt mehr zu mir aufgenommen. Ich denke, dass diese Seele jetzt ihre Ruhe gefunden hat und ich bin sehr dankbar dafür.

Die Schwiegermutter

Eine meiner früheren Bekannten, mit der ich jahrelang keinen Kontakt mehr gehabt hatte, rief mich eines Tages ganz unvermittelt an. Das kam mir schon seltsam vor. Was wollte sie? Vor einigen Jahren hatte es immer wieder Schwierigkeiten mit ihr gegeben. Unsere Freundschaft hatte schwer darunter gelitten und so war ich ihr schließlich aus dem Weg gegangen. Seit einigen Wochen rief sie mich nun regelmäßig an und war sehr nett. Da ich nicht nachtragend bin, erwiderte ich ihre Freundlichkeit und wir unterhielten uns lange.

Eines Abends erzählte sie mir von den vergangenen Jahren. Sie hatte eine schwere Zeit hinter sich. Ihre Schwiegereltern, die mit im Haus gewohnt hatten, hatte sie bis kurz vor deren Tod gepflegt. Mit dem Schwiegervater hatte sie ein gutes Verhältnis gehabt, aber ihre Schwiegermutter war sehr böse zu ihr gewesen – was wohl auf Gegenseitigkeit beruhte. Als der Schwiegervater gestorben war, war es noch schlimmer für meine Bekannte geworden. Die letzten acht Monate ihres Lebens war die Schwiegermutter in einem Pflegeheim untergebracht, da sie sie nicht mehr hatte versorgen und pflegen wollen. Nach dem

Tod der Schwiegermutter hatten meine Bekannte immer häufiger schwere Selbstvorwürfe geplagt. Sie hatte psychische Probleme bekommen, zu trinken angefangen und hatte deswegen behandelt werden müssen. Nachts hatte sie regelmäßig Albträume gehabt, in denen sie ihre Schwiegermutter gequält hatte, und war regelmäßig schweißgebadet aufgewacht. Weder ihre Familie noch verschiedene Ärzte hatten ihr helfen können.

Als sie mir dies alles geschildert hatte, fragte ich sie, ob sie schon einmal am Grab der Schwiegermutter gewesen sei. „Nein, da gehe ich auch nicht hin", sagte sie. „Du musst hingehen, wenn du deinen Frieden willst", entgegnete ich ihr. „Diese Seele wird dich nicht in Ruhe lassen. Du musst dich deiner Vergangenheit stellen und sie aufarbeiten." Ich riet ihr, an das Grab der Schwiegereltern zu gehen, in Gedanken mit ihnen zu kommunizieren und ein zu Gebet sprechen. „Zünde für sie eine Kerze an. Erkläre, warum du so gehandelt hast. Bitte sie um Verzeihung, auch wenn es dir schwerfällt. Bevor du gehst, bitte für sie um Ruhe und Frieden. Dann wirst auch du wieder deinen Frieden und deine innere Ruhe finden."

Ich bot ihr an, sie auf den Friedhof zu begleiten, doch sie wollte dann doch allein hingehen.

Seit einiger Zeit geht es ihr besser und sie ist viel ruhiger geworden. Wir haben seither nicht mehr darüber gesprochen.

Der gleiche Todestag

Als ich 16 war, lernte ich einen jungen Mann kennen. Das war vor mehr als 30 Jahren. Wir waren eng befreundet, vielleicht war es sogar eine Art Jugendliebe. Nach einiger Zeit gingen wir wieder getrennte Wege und haben uns in all den Jahren aus den Augen verloren. Jetzt, nach mehr als einem Vierteljahrhundert, hatte ich einen Wachtraum. Ich sah ihn, wie er als junger Mann vor mir stand, mit seinen blonden Locken und den himmelblauen Augen. Er hatte eine gute Figur und ein volles Gesicht. Seine Herzlichkeit und sein frohes Lachen waren genauso, wie ich ihn damals erlebt hatte. Dann sah ich Bilder von einem hageren, blassen Mann mit grauem, stoppeligem Haar und glanzlosen Augen, der zusammengesunken auf einem Stuhl saß. Diese Bilder wechselten sich permanent ab, was ich überhaupt nicht einordnen konnte.

An einem der darauffolgenden Tage erzählte ich meinem Mann von diesem Wachtraum und erwähnte den Namen und den Wohnort des Jungen. Zwei Tage später rief mich mein Mann von der Arbeit aus an und fragte nochmals nach dem Namen des Mannes aus meinem Traum. Er hatte zufällig in der Zeitung die Todesanzeige für eine ältere Frau gelesen, bei der es sich um die Mutter meines Freundes handeln könnte. Da der Name etwas ausgefallen war und der Wohnort stimmte, konnte es sich nur um einen Familiengehörigen meines Freundes handeln. „Vielleicht braucht er meine Hilfe", dachte ich.

Nach einigen Wochen nahm ich meinen ganzen Mut zusammen und rief bei ihm an. Am anderen Ende der Leitung meldete sich eine Frau. Zuerst war ich erschrocken, da ich gehofft hatte, dass er selbst am Apparat sein würde, aber dann fragte ich doch zögernd nach meinem früheren Freund.

Am anderen Ende wurde es still. Ich wollte schon auflegen, aber dann sagte die Frau zu mir, dass ihr Bruder schon vor fünf Jahren gestorben sei. Ich war völlig schockiert. Als ich mich etwas gefasst hatte, erzählte ich ihr von der Freundschaft mit ihrem Bruder. Sie erzählte mir, dass ihre Mutter vor fünf Wochen an einem schweren Krebsleiden gestorben war und sie sie bis zuletzt gepflegt hatte. Ich sprach ihr mein Beileid aus und erkundigte mich noch eingehender nach ihrem Bruder: Wie hat er gelebt? Hatte er eine Familie? Was hat er in den vergangenen 25 Jahren gemacht?

„Mein Bruder hat nicht geheiratet, er war ledig und wohnte mit mir und meiner Mutter zusammen. Er hatte schon ein paar Freundinnen in all diesen Jahren, aber die Richtige war wohl nicht dabei. Wir haben aus dem von unserem Vater geerbten kleinen Baugeschäft ein mittelständisches Bauunternehmen gemacht und sind dadurch sehr vermögend geworden. Nach einiger Zeit wurde mein Bruder sehr krank. Er hatte ein schweres Nierenleiden, extrem hohen Blutzucker und musste zur Dialyse. Da die Krankheit viel zu spät erkannt worden war, ist er in den letzten Jahren seines Lebens erblindet und hat im Rollstuhl gesessen. Vor fünf Jahren starb er überraschend an Herzversagen im Krankenhaus."

Ich war sehr betroffen und es schmerzte mich, dass er ein so schlimmes Schicksal hatte erleiden müssen. Nun erzählte ich ihr von den vielen Bildern, die ich in meinen Wachträumen sah. Ihr Bruder, wie ich ihn kannte, dann wieder diese Bilder von einem hageren dünnen Mann, der völlig teilnahmslos dasaß. Ein anderer Mann, der sehr böse zu ihm war. Es gab großen Streit, der andere Mann stieg ins Auto, eine Frau wollte ihn festhalten, doch ihr Bruder ging hin, machte die Autotür auf und bat ihn, zu gehen. Er wollte seine Ruhe vor diesem Mann haben. Alle diese Bilder, die ich sah, beschrieb ich der Schwester. Ich konnte damit nichts anfangen, sie aber erzählte mir: „Ein jahrelanger Prozess gegen einen anderen Bauunternehmer, der uns vor Jahren um größere Geldsummen betrogen hatte, nahm meinen Bruder ganz schön mit." Detailgetreu erläuterte ich alle Bilder, die ich sah.

„Jetzt weiß ich, was er mir damit sagen möchte. Ich soll diese Streiterei beenden."

Wir unterhielten uns noch eine Weile und sie versprach, mir Sterbebilder ihres Bruders und ihrer Mutter zu schicken. Eine Woche später hielt ich diese in Händen und las:

Je schöner und voller die Erinnerung,
desto schwerer die Trennung.
Aber die Dankbarkeit verwandelt
die Quelle der Erinnerung in eine stille Freude.
Man trägt die vergangene Schöne
nicht wie einen Stachel,
sondern wie ein kostbares Geschenk in sich.

Mir lief ein kalter Schauer über den Rücken. Bilder von unserer Jugendzeit liefen wie ein Film vor mir ab.

Doch was ich dann bemerkte, ließ mich wirklich erschaudern: Seine Mutter und er hatten den gleichen Todestag, nur mit fünf Jahren Unterschied. Es war genau der Tag, an dem ich zum ersten Mal von ihm geträumt hatte. Konnte das ein Zufall gewesen sein? Es kam mir so vor, als ob er seine Mutter von ihrem schweren Leiden erlöst und sie abgeholt hätte. Beide Seelen haben jetzt sicher ihre letzte Ruhe gefunden, denn sie haben sich nie wieder bei mir gemeldet.

Nach ungefähr einen Monat bekam ich einen Brief von der Schwester. Sie schrieb:

Liebe Linda,

ich möchte mich bei Ihnen nochmals von ganzem Herzen bedanken, dass Sie den Mut hatten, sich bei mir zu melden und mit mir offen über alles zu sprechen. Sie haben mir sehr geholfen!

Wie so etwas sein kann, ist mir selbst auch unerklärlich, doch es hat alles gestimmt, was Sie gesehen haben.

Ich hoffe, dass keine Träume Sie mehr plagen und Sie wieder ruhig schlafen können.

Anbei ein Foto meines Bruders und meiner Mutter zur Erinnerung.

Herzlichen Dank und alles Liebe

Ein letzter Gruß

In den vergangenen zwanzig Jahren sind schon einige Motorradfahrer, die ich persönlich oder zumindest namentlich kannte, schwer verunglückt. Manche davon mussten mit ihrem Leben bezahlen. Ich selbst habe Angst vor dem Motorradfahren. Mein Mann hatte sich einmal eine schöne Maschine gekauft und meinte, wir könnten einige tolle Ausflüge damit machen. Für mich war es jedes Mal furchtbar, wenn ich mitgefahren bin. Ein Jahr später hat er es dann wieder verkauft, da es ihm allein auch keinen Spaß machte.

Einer meiner Träume handelte von einem verunglückten Motorradfahrer. Ich kannte ihn flüchtig von früher. Er war ein sicherer Fahrer, der kein Risiko einging. Gemütliches Fahren und Rücksichtnahme im Straßenverkehr waren ihm immer wichtig. Er und seine vier Kameraden hatten einen Ausflug geplant. Am Tag zuvor waren sie noch bei ihm zu Hause, um ihre Maschinen zu putzten und auf Vordermann zu bringen. Plötzlich war ihm übel geworden und er war zusammengebrochen. Der Notarzt konnte ihn noch ins Krankenhaus bringen, doch einige Stunden später starb er an einer Hirnblutung. Für alle war dies ein großer Schock. Die Wahrscheinlichkeit, dass ihm beim Motorradfahren etwas passiert wäre, war auf jeden Fall viel größer gewesen – an so etwas hatte niemand gedacht. Wie ich später erfuhr, hinterließ er einen neunjährigen behinderten Sohn und eine Ehefrau. Die Beerdigung war sehr bewegend. Von überall her kamen seine Motorradkameraden und nahmen Abschied von ihm. Er hatte viele Freunde gehabt und war bei allen beliebt gewesen.

Mir wurde von der Beerdigung erzählt, wie ergreifend es war, als sein Motorradhelm auf den Sarg gelegt und mit in das Grab abgesenkt wurde. Nun wusste ich auch, warum er mir immer mit dem Helm erschien.

Ich sah ihn in inniger Umarmung mit seiner Frau und seinem Sohn. Immer wieder erschien mir dieses Bild. Damit wollte er ihnen bestimmt noch einmal seine Liebe und Zuneigung zum Ausdruck bringen. Leider habe ich mit seiner Frau noch keine Verbindung aufnehmen können. Ich weiß noch nicht, wie ich mit ihr darüber sprechen kann. Bestimmt werde ich es ihr, wenn der richtige Zeitpunkt gekommen ist, noch mitteilen. Vielleicht wird es ihr in ihrer Trauer helfen, wenn sie weiß, dass sie und ihr Sohn für ihn bis zuletzt am wichtigsten waren. Mit mir hat er nach diesen Bildern keinen Kontakt mehr aufgenommen und ich hoffe, dass seine Seele ihre ewige Ruhe gefunden hat.

Die Seerosen

Einer meiner Tagträume handelte von einer mir bekannten Person. Diese Frau war mit ihrer Familie, ihrem Mann und drei erwachsenen Kindern, vor einigen Jahren aus unserem Ort weggezogen. Es war eine vermögende Familie, da sie vor mehreren Jahren ein großes Erbe angetreten hatte. Wieso hatte ich diesen Traum? Ich kannte sie nicht näher und wusste nicht, was all diese Bilder bedeuteten sollten. In meinem Traum sah ich diese Frau immer in einem schönen, großen, gepflegten Garten. Figuren, herrliche Buchsbäume und Lampen waren geschmackvoll angeordnet. In einer Ecke gab es einen großen Teich mit Seerosen. Sie ging immer im Garten auf und ab und zwischendurch sah ich immer wieder diese Seerosen, die sie anschaute. Ihr Blick war traurig und ihre Augen waren leer. Es hatte den Anschein, als ob sie sehr krank sei. Dann nahm sie eine Schachtel aus ihrer Jacke und aß daraus – immer und immer wieder. Ich nahm noch einige Male die Seerosen wahr, dann verschwanden diese Bilder und ganz andere Dinge tauchten auf:

Es waren Bilder von einer Beerdigung, irgendwie seltsam. Nur wenige Menschen mit Schirmen standen auf dem Friedhof. Eine alte Frau, die gestützt wurde. Nur vereinzelt Blumen, kein Blumenmeer, wie es sonst auf vielen Beerdigungen üblich ist. Was hatten diese Bilder zu bedeuten? Der Witwer stand teilnahmslos am Grab, als ob er geahnt hätte, was auf ihn zukam ... Am nächsten Morgen wollte ich an diese Bilder nicht mehr denken und lenkte mich mit Arbeit ab.

Am gleichen Abend erfuhr ich, dass diese Frau einen Tag zuvor gestorben war. Ich erschrak und konnte es fast nicht glauben. Was hatte dieser Traum zu bedeuten? Zwei Tage später erschien die Frau mir erneut. Ich sah sie, dünn und blass, in einem Sarg liegen. Es waren furchtbare Bilder, unheimliche, gequälte Stimmen. Alles, was ich da erblickte und hörte, erschreckte mich. Die Frau war ein Schatten ihrer selbst. Plötzlich wusste ich: Sie hatte sich das Leben genommen, deshalb fand ihre Seele keine Ruhe. Für sie war es ein Kampf. Lauter schreiende Gestalten. Die zupften und zogen an ihr und versuchten, sie zu schlagen. Es war furchterregend, was mir da erschien. Sie wollte sich immer wieder wehren, konnte es aber nicht, da sie festgehalten wurde.

Dann sah ich einen jungen Mann – den Sohn der Verstorbenen –, eine junge Frau und ein kleines Mädchen. Sie umarmten sich zum Abschied. Die Beziehung war in die Brüche gegangen, woran die Verstorbene alles andere als unschuldig war. Ständige Intrigen und Einmischungen hatten – unter anderem – letztlich zur Trennung der jungen Leute geführt.

Leider hatte sie ihrer Enkeltochter damit auch den Vater genommen, da diese nach der Trennung ihren Vater nicht mehr besuchte. Die Verstorbene wusste, dass sie viele Fehler gemacht und ihre Schwiegertochter quasi verstoßen hatte. Auch ihr Ehemann hatte sich von ihr abgewendet, was sie am empfindlichsten getroffen hatte. Eine unerträgliche Eifersucht hatte sie in den letzten Monaten geplagt und ihr das Leben schwer gemacht. Vergeblich hatte sie versucht, doch noch alles zum Guten zu wenden. Mit all diesen Schuldgefühlen war sie nicht mehr zurechtgekommen und hatte sich das Leben genommen.

Nach zwei Wochen erfuhr ich die näheren Umstände ihres Todes. Sie hatte sich tatsächlich das Leben genommen und einen Abschiedsbrief hinterlassen.

Wie ich hier helfen sollte, verstand ich nicht. Wenn sie noch gelebt hätte, wäre es ihr vielleicht möglich gewesen, noch einiges, was sie belastete, in Ordnung zu bringen. Jetzt hat sie dazu keine Möglichkeit mehr und nimmt alle Beschwernisse mit ins Jenseits. Ich hoffe, dass auch diese Seele ihre ewige Ruhe finden wird und ihre Familie ihr eines Tages verzeihen kann.

Gespräch mit einem Priester

Es ist schon rätselhaft, warum sowohl Menschen, die in Not sind, als auch die armen Seelen mich, ausgerechnet mich, immer aufsuchen, wenn sie Hilfe brauchen. Ich kann nicht sagen, warum das so ist, nur dass mir alle diese Dinge seit meinem kurzen „Besuch" in dieser anderen Welt passieren.

Vor einiger Zeit sprach ich mit einem Priester über einige dieser Begebenheiten. Ich wollte von ihm erfahren, ob es noch andere Menschen in seiner Gemeinde gibt, die Ähnliches erleben. Ganz interessiert folgte er meinen Geschichten und verglich sie mit Erzählungen aus der Bibel. Er sagte: „Es ist für Sie eine Berufung, anderen Menschen zu helfen. Für andere auf diese Weise dasein zu können, ist etwas Besonderes. Die Verstorbenen, die noch etwas Wichtiges mitteilen müssen, um dann vor Gott treten zu können, nehmen mit Ihnen Kontakt auf, da sie spüren, dass Sie ihnen helfen können. Erst dann finden sie ihre ewige Ruhe und ihren Frieden. Es ist sicher eine große Belastung für sie."

Da konnte ich ihm nicht widersprechen. Es bedrückt mich schon sehr, aber wenn ich helfen kann, bin ich froh und fühle mich gleich doppelt besser. Ich sagte zu ihm: „Wenn man Gutes gibt, kommt immer wieder Gutes zu uns zurück."

Da gab mir der Priester recht und lächelte.

Er versprach, mir behilflich zu sein, wenn ich einmal Schwierigkeiten haben würde, die Bedürfnisse oder letzten Gedanken der armen Seelen den Hinterbliebenen mitzuteilen.

Hintergründe

Nahtoderlebnisse

Als mich meine Großmutter in jener Nacht während meiner schweren Erkrankung an die Hand genommen hatte, war es mir zunächst so vorgekommen, als ob ich über mir selbst schwebte. Ich sah mich dort liegen und genoss dieses unendliche Gefühl des Friedens und der Ruhe. Schrecklich war es dann, als die Ärzte und Schwestern mit Spritzen und Apparaten an mir herumhantiert und eine furchtbare Unruhe verbreitet hatten. Ich wäre gerne mit meiner Großmutter mitgegangen und dachte in diesem Moment gar nicht mehr an meinen Mann, meine Kinder oder den Rest der Familie. Ich wollte nur noch weg. Dann erschien ein helles Licht, wie ein Kanal oder ein Tunnel, in dem eine angenehme Stille herrschte. Alles war so schön ruhig und wohlig warm. Nein, ich wollte nicht mehr zurück. Ich wollte einfach nur dort bleiben und meine Ruhe haben.

Plötzlich wurde ich wieder zurückgeholt und aus meiner wunderbaren Welt gerissen. Es war wieder kalt und die fürchterlichen Schmerzen quälten mich. Erst konnte ich gar nicht recht begreifen, was los war. Ich war gestorben. Jetzt war ich wieder da. Wie konnte das sein? Das gibt es doch nicht. Ich bin bestimmt psychotisch und es will mir bloß keiner sagen. Wie lange war ich tot? Ich wusste es nicht. Vielleicht war alles nur ein Traum gewesen?. Nein, es ist kein Traum gewesen, ich wusste was ich gesehen und erlebt hatte, und irrsinnig war ich auch nicht. Das kann man niemandem erzählen, dachte ich damals, denn es würde mir ja sowieso niemand glauben.

Dank der schnellen und guten Notfallmaßnahmen und der Intensivmedizin entgehen heute viele Menschen dem Tod und erleben Ähnliches wie ich. Viele fürchten sich, danach mit jemandem darüber zu sprechen. Die meisten erwarten, auf große Schwierigkeiten, vielleicht sogar Spott und Hohn zu treffen oder als geisteskrank abgestempelt zu werden. Das Erlebte hinterlässt bei allen Spuren und man denkt danach anders über den Tod. Diese Erfahrung verändert das Leben. Viele überdenken ihren Standpunkt hinsichtlich des materiellen Wohlstandes oder ähnlichem. Was vorher noch als überaus wichtig erschien, wird plötzlich zweitrangig.

Man hat das Gefühl, den Sinn des Lebens verstanden zu haben und erlangt die Überzeugung, dass am Ende des Lebens noch etwas anderes auf einen wartet.

Nur Gott allein weiß, warum er mich dies alles hat erleben lassen und aus welchem Grund ich einen Blick ins Jenseits werfen durfte – auf jeden Fall bin ich sehr dankbar dafür. Ich habe auch keine Angst mehr vor dem Tod, doch ich will leben und das Leben mit meiner Familie und unseren Freunden genießen.

Natürlich habe ich viel zu diesem Thema gelesen und mich, wie anfangs schon erwähnt, mit zahlreichen Menschen ausgetauscht, die ähnliche Erfahrungen gemacht haben. Im Anschluss möchte ich hierüber berichten.

Was allen Nahtoderlebnissen gemeinsam ist

Der Tunnel

Eine Frau, die ein Nahtoderlebnis nach einer schweren Unterleibsoperation hatte, erzählte mir, sie sei durch einen Tunnel gegangen und ein helles Licht habe sie auch gesehen. Wie sie ihren Körper verlassen hat und wieder in ihn zurückgekommen war, wusste sie nicht mehr bzw. hatte es gar nicht wahrgenommen. Auch sie ist dankbar für diese Erfahrung und hat keine Angst mehr vor dem Sterben, denn sie hat nun die Gewissheit, dass es noch etwas nach dem Tod gibt. Sie sagt: „Trotzdem genieße ich jeden Tag, den ich leben darf."

Es gibt etliche verschiedene Versionen von Nahtoderlebnissen, aber ähnlich sind sich doch sehr viele. Die meisten Menschen tragen ihr Geheimnis mit sich herum und möchten sich niemandem anvertrauen. Man muss sich nicht fürchten, darüber zu sprechen, denn spätestens, wenn man das berühmte Buch von Raymond A. Moody, *Leben nach dem Tod*, gelesen hat, weiß man, was es mit diesen Erlebnissen wirklich auf sich hat.

Er beschreibt in seinen Büchern die Nahtoderlebnisse vieler Menschen und widmet sich seit der Veröffentlichung seines Buches vor allem der Bewusstseinsforschung. Die Untersuchungen von Dr. Moody erinnern uns daran, dass wir in unserem Innersten spirituelle Wesen sind.

Die Engel

Eine andere Frau, die nach einem Herzstillstand wiederbelebt worden war, sah Engel um sich herumschweben, die ihren Namen riefen und wollten, dass sie zu ihnen käme. Bei näherem Hinsehen bemerkte sie, dass die Gesichter der Wesen Verstorbenen aus ihrer Familie glichen. Als sie wieder zurückkam, war es kalt und sehr schmerzhaft. Die Frau berichtete erst Jahre später von dieser Erfahrung und auch erst, nachdem ich sie konkret danach gefragt hatte. Heute lebt diese Frau viel bewusster, ist sehr religiös geworden und versucht so, mit dem Vergangenen ins Reine zu kommen.

Gebete haben auch mir selbst geholfen, über diese schwere Zeit hinwegzukommen. Ich hätte nicht gedacht, dass ich darüber noch einmal so denken würde. Obwohl ich schon als Kind gebetet hatte, war ich nie ein großer Kirchgänger und bin es auch heute noch nicht. Dennoch verstehe ich gläubige Menschen sehr gut.

Den meisten von uns fällt es schwer, über den Tod zu sprechen. Vielleicht haben wir unbewusst das Gefühl, dass unser eigener Tod angezogen und realer würde, wenn wir darüber sprächen.

Die leere Hülle

Nahtoderlebnisse ähneln sich in vielerlei Hinsicht. Ein Mann erzählte mir, dass er gespürt habe, wie er seinen Körper verließ, aber er realisierte nicht, dass dies etwas mit dem Sterben zu tun hat. Er hatte über seinem Körper geschwebt, sich selbst aus einiger Entfernung gesehen und sich ängstlich und verwirrt gefühlt. Er hatte nicht verstehen können, was da mit ihm geschah. Später hat er sich nicht getraut, darüber zu sprechen, da er davon ausging, dass man ihn dann für wahnsinnig halten würde. Er wusste nicht, dass es so viele Menschen gibt, die schon ein ähnliches Nahtoderlebnis gehabt haben. Erst nachdem er mehrere Bücher über dieses Thema gelesen hatte, begann er, darüber zu sprechen.

Seit einigen Jahrzehnten, spätestens aber seitdem Raymond A. Moody sein erstes Buch über das Leben nach dem Tod veröffentlicht hatte, haben sich verschiedene Wissenschaftsgebiete der Erforschung der Nahtoderlebnisse gewidmet. Hunderte von Wissenschaftlern befassen sich inzwischen damit. Es ist ein sehr brisantes Thema, da sich bis heute nicht alles erklären lässt. Weil sich unglaublich viele Menschen in fast gleicher Weise über ihre Nahtoderlebnisse geäußert haben, kann man jedenfalls davon ausgehen, dass es sich keinesfalls um Halluzinationen handelt.

Das Lichtwesen

Eine andere Person erzählte von einem Lichtwesen, das wie von einem „Schauer von Licht" durchleuchtet war. Der warme, helle Schein strahlte kraftvoll und unendlich weit. Man konnte ländliche Gegenden und grüne Wiesen von unbeschreiblichem Glanz erkennen.

Die meisten Menschen, die eine Nahtoderfahrung machten, wollten nicht mehr zurückkehren. Sie nahmen es den Ärzten häufig übel, dass sie zurückgeholt wurden und waren oft sogar wütend, wenn sie wieder mit ihrer leidvollen Realität konfrontiert wurden. Nach einiger Zeit waren sie dann allerdings froh und dankbar, dass sie wieder ins irdische Leben zurückgebracht worden waren.

Die Familienangehörigen

Eine Frau hatte im Alter von 52 Jahren einen Herzstillstand erlitten und war bei den Wiederbelebungsversuchen mehrfach in ihren Körper zurückgekehrt.

Nachdem sie ihren Körper verlassen hatte, hatte sie mehrere Begegnungen.

Sie sah ihre Großmutter, ihren Großvater, eine verstorbene Freundin und ihren ersten verstorbenen Ehemann. „Es war für mich jedes Mal, als ob ich wieder vom Himmel herunterkomme", sagte sie. Die Gesichter der Verstorbenen sah sie gestochen scharf in einem hellen, warmen Licht. „Sie waren dabei, über eine Brücke zu gehen und sahen alle sehr schön aus in ihren weißen, wallenden Gewändern.

„Mein Leben ist heute ganz besonders, da ich versuche, jeden Augenblick zu genießen. Ich danke Gott dafür, dass ich noch hier sein darf", sagte sie.

Viele Menschen, die solche Erlebnisse hatten, begannen wieder zu beten bzw. fanden zu ihrem Glauben zurück.

Sie fühlten eine große Harmonie und waren dankbar für das Erlebte. Zu mir sagte einmal jemand: „Wichtig ist, dass ich weiß, dass es danach noch etwas anderes Schönes und Außergewöhnliches gibt. Was die anderen denken, ist gleichgültig."

Ruhe und Wärme

Eine andere Person erzählte Folgendes:

Nach einem schweren Autounfall spürte ich, wie es kalt und dunkel wurde. Mich durchfuhr ein starker Schmerz am Kopf und ich konnte buchstäblich fühlen, wie das warme Blut herausquoll. Auf einmal stellte sich ein wunderschönes Gefühl der Wärme ein, und ich sah ein wunderschönes Licht. Ich erinnere mich noch, dass ich dachte, ich sei tot und hätte nun alles überstanden. Es war ein wohltuendes Gefühl vollkommener Ruhe, wie ich es im Leben noch nie zuvor gespürt hatte. Ein herrliches Gefühl der Ruhe, des Friedens und der Erleichterung.

Als mich die Ärzte zurückholten, war mir kalt und die Schmerzen konnte ich fast nicht ertragen.

Meine Frau war die erste, die ich nach meiner Rückkehr wiedersah. Ich versuchte zu lächeln, doch es gelang mir nicht. Ich war wütend auf die Ärzte, weil sie mich nicht in dieser außergewöhnlich schönen Ruhe gelassen hatten. Heute bin ich froh, noch zu leben, obwohl meine Gesundheit nicht mehr ganz wiederhergestellt werden konnte. Ich hätte viele schöne Dinge nicht mehr erlebt und meine Enkelkinder nicht mehr aufwachsen sehen können.

Die Narbe

Ein 17-jähriges Mädchen hatte einen Mofa-Unfall: Sie wurde angefahren und so schwer verletzt, dass sie ins Krankenhaus eingeliefert werden musste. Unter anderem hatte sie eine schräg über das Gesicht verlaufende Schnittverletzung, die so tief war, dass sie für ihr Leben lang gezeichnet war.

Einige Stunden nach dem schweren Unfall versagte ihr Herz seinen Dienst und sie musste wiederbelebt werden. Sie erinnerte sich: „Als ich da lag, hörte ich auf einmal ein Singen und sah Gestalten in weißen Gewändern. Bei längerem Hinsehen stellte ich fest, dass es meine verstorbenen Großeltern waren. Sie kamen aus einem hellen Licht, und es war angenehm warm. Plötzlich war ich wieder zurück und spürte die schlimmen Schmerzen."

Der junge Mann, der den Unfall verursacht hatte, besuchte sie einige Tage später mit einem großen Blumenstrauß und wollte sich bei ihr entschuldigen. Er erschrak über ihre furchtbaren Schnittverletzungen im Gesicht. An ihrem Lächeln konnte man erkennen, dass sie sich über diesen Besuch freute. Sie unterhielten sich lange und fanden viele Gemeinsamkeiten. Als sie aus dem Krankenhaus entlassen wurde, unternahmen die beiden viel zusammen. Es kam, wie es kommen musste, sie verliebten sich ineinander. Heute sind sie verheiratet und haben einen Sohn von fünf Jahren.

Nur noch die Narbe erinnert an den schweren Unfall. Einmal sagte sie: „Es war gut so, sonst hätte ich meinen Mann doch vielleicht nie kennengelernt."

Herzstillstand

Eine 19-jährige Fahranfängerin hatte auf einer kurvigen, vereisten Landstraße einen schweren Autounfall. Auf einer Eisplatte kam sie ins Rutschen, bremste, das Auto drehte sich, raste die Böschung hinab, überschlug sich und blieb auf dem Dach liegen. Die Feuerwehr und viele Rettungskräfte befreiten sie aus dem Wrack. Sie hatte schwerste Verletzungen und wurde mit dem Rettungshubschrauber ins nächste Klinikum geflogen. Ihre Eltern wurden sofort benachrichtigt und trafen kurz nach ihr im Krankenhaus ein. Die Ärzte machten den Eltern wenig Hoffnungen, da die Verletzungen sehr schwer waren und ihre Tochter sehr viel Blut verloren hatte. Plötzlich erlitt sie einen Herzstillstand und musste reanimiert werden.

„Ich hatte gar keine Schmerzen mehr", erzählte sie. „Ich ging auf ein helles, warmes Licht zu. Ein starkes Gefühl der Erleichterung konnte ich spüren. Die Wärme und Ruhe, es war einfach nur schön. Ich sah mich da liegen, viele Ärzte machten sich an mir zu schaffen. Was taten die da mit mir? Die sollen mich doch in Ruhe lassen. Andere Wesen näherten sich mir, mir war, als ob sie sangen. Ich erblicke andere Verstorbene, die ich gekannt hatte. Dann dachte ich: ‚Ich möchte nicht mehr zurück.' Doch ich wurde in das irdische Leben zurückgeholt. Es war kalt und die Schmerzen fast unerträglich. Nach etwa sechs Wochen, als es mir etwas besser ging und mich meine Eltern in der Rehaklinik besuchten, erzählte ich ihnen von meinem Erlebnis. Mein Vater meinte, ob ich mir das nicht bloß eingebildet hätte, meine Mutter fragte jedoch nach und wollte alles genau wissen. Sie beruhigte mich und sagte: ‚Siehst du, du wirst hier noch gebraucht und das ist gut so.' Seitdem habe ich mit niemandem über dieses Erlebnis gesprochen.

Heute bin ich wieder ganz gesund und froh, dass ich noch lebe."

Fast alle Betroffenen sprechen von einem hellen, warmen Licht, anderen Wesen, Verwandten oder Bekannten, die sie sahen. Von einem Gefühl der Ruhe und des Friedens. Man hat keine Schmerzen mehr, fühlt sich leicht und gut. Alles, was uns bedrückt, wird von uns genommen. Ein Gefühl der Entspanntheit und Erleichterung stellt sich ein. Sowohl ich selbst als auch die von mir Befragten hatten keine Zeitvorstellung, wussten nicht wie lange sie fort waren. Die Zeit ist im Jenseits nicht wichtig, dort ist nur Ruhe.

Obwohl diese Ereignisse oft schon viele Jahre zurückliegen, haben sie Spuren hinterlassen. Sie haben das Leben geprägt, das einen anderen Sinn bekommt und einen höheren Stellenwert. Es wird viel mehr geschätzt und bewusster damit umgegangen. Viele sind motiviert, anderen zu helfen. Außerdem ist die Gier nach Besitz und materiellen Gütern durch die Erkenntnis ersetzt worden, dass die menschlichen Werte eine größere Bedeutung haben.

Diese Erfahrung hat das Leben der Menschen, die ein Nahtoderlebnis erfahren durften, positiv verändert. Der Glaube an Gott, an ein Leben danach, all diese Dinge sind jetzt wieder von Bedeutung und in den Vordergrund gerückt.

Ich glaube, dass wir diese Erfahrungen aus einem bestimmten Grund machen mussten und hier auf Erden noch sehr gebraucht werden. Also nehmen wir es als großes Geschenk an, weiterleben zu dürfen und das Licht und den Frieden, den wir in der „anderen Welt" erleben durften, in diesem Leben weiterzugeben.

Im Jenseits entstehen Verbindungen, die im irdischen Dasein nicht möglich sind. An diese würde man hier nicht denken und könnte sie sich auch nicht vorstellen. Ich kann nachvollziehen, dass das etwas unglaubwürdig klingt, aber so habe ich es bei meinem Nahtoderlebnis empfunden.

Kein Science-Fiction-Film hat je gezeigt, wie es im Jenseits ist, mit nichts, was wir von unserem Leben hier auf Erden kennen, lässt es sich vergleichen. An die Erfahrungen, welche die Seelen im irdischen Leben gemacht und gesammelt haben, knüpfen sie hier an. Das Wissen und Können kommt ihnen hier, im zweiten Dasein, zugute. Andererseits herrschen ganz andere Anforderungen. Zeit spielt im Jenseits keine Rolle, daher sicher auch das Gefühl der Ruhe und Gelassenheit. Es gibt weder Hektik noch Angst. Da alle Wesen gleich sind, gibt es auch keine Machtkämpfe und keine Kriege. Auch Geld und Vermögen bringen dort keine Vorteile.

Es ist wie ein Tempel der Ruhe – kein Streit, kein Neid, kein Hass, all das kennt man hier nicht. Es ist, als wären alle negativen Gedanken ausradiert. Die Hüllen der Seelen wirken jünger und sind makellos. Man kann es sich nicht vorstellen. Es wurden hier alle negativen Gedanken gestrichen. Negative Denkweisen, Vorurteile, Falschheit und Ungerechtigkeit, die wir aus unserem Erdendasein kennen, erfährt man hier nicht.

Wenn Angehörige eines Verstorbenen diese Dinge wissen und sich immer wieder klarmachen, werden sie mit dem Tod bzw. ihrer Trauer anders umgehen und beides auch besser verarbeiten können. Natürlich trauern wir, weil wir unsere Toten vermissen und uns darüber klar sind, dass sie nicht mehr zurückkommen können. Aber es ist eine Beruhigung und eine andere Art der Trauer, wenn wir wissen, dass es ihnen gut geht.

Kontaktaufnahme

In einem meiner ersten Berichte hatte ich ja versprochen, noch genauer zu erklären, wie ich während meiner Visionen und Wachträume mit den Verstorbenen kommuniziert habe.

Man kann sich das so vorstellen:

Eine Seele erscheint (tagsüber oder auch nachts, das ist beides möglich) in der Gestalt bzw. in dem Körper, den sie während ihres irdischen Lebens hatte. Die Mimik und die Bewegungen sind so real, dass kein Unterschied zum Lebenden festzustellen ist. Je nachdem, was die Seele des Verstorbenen mir mitteilen möchte, sind die Gesichtszüge besorgt, schmerzverzerrt oder bekümmert. Es erscheinen immer wieder Bilder, von Orten, Dingen oder auch von Personen. Das wiederholt sich so oft, bis ich weiß, was diese Seele mir mitteilen will. Es ist oft langwierig und schwierig, wenn es sich um eine fremde Person handelt. Dann dauert es manchmal sogar Wochen oder Monate, bis ich die Botschaft verstanden habe und im Sinne des Verstorbenen handeln kann.

Die wiederkehrenden Bilder fügen sich wie ein Puzzle zusammen, manchmal sogar zu einem Film. Ich kann Dinge sehen, die ich vorher nicht gekannt und noch nie gesehen habe. Ich kann die Dinge sehen und die Orte beschreiben, an denen sie sich befinden, auch wenn diese vielleicht hunderte Kilometer entfernt sind und sich in einem mir völlig unbekannten Haus oder Raum befinden. Auch versteckte Standorte von Dingen kann ich dann den Hinterbliebenen detailgenau wiedergeben.

Hauptsächlich kommunizieren diese Seelen mit mir über meine Gedanken. Sie sprechen quasi lautlos mit mir. Wenn ich es nicht verstehe, wiederholen sie es so lange und fügen Worte und Bilder hinzu, bis ich alles genau erkennen kann. Intime Familiengeheimnisse oder wirklich obskure Dinge werden da oft an mich übermittelt. Verschiedenes ist mir dann fast unangenehm, sodass ich es kaum wage, gewisse Informationen detailgenau wiederzugeben.

Wenn ich ihre Botschaft verstanden habe, beenden die Seelen vorübergehend den Kontakt mit mir. Meine Aufgabe ist es dann, den betreffenden Verwandten oder Partnern die Botschaft zu offenbaren. Das ist oft sehr schwierig, da ich nie deren Reaktion auf meine Mitteilungen vorausahnen kann. Es ist auch nicht angebracht, gleich mit der Tür ins Haus zu fallen, da mich diese Leute oft nicht kennen und ich sie verärgern oder verletzen könnte. Es gehört oft sehr viel Fingerspitzengefühl, Einfühlungsvermögen und Verständnis dazu, den Hinterbliebenen näherzukommen.

Habe ich dann den Auftrag, den ich durch die Erscheinungen übermittelt bekam, erledigt, erscheint mir die Seele noch ein paar Mal. Hierbei macht sie dann meist einen glücklichen, zufriedenen oder dankbaren Eindruck. Ja, ich habe dann tatsächlich das Gefühl, dass sie sich bei mir bedanken möchte.

Ich hoffe, dass ich mit diesem Buch ein wenig helfen oder offene Fragen klären konnte.

Ich fühle oft Dinge im Voraus und kann es mir nicht erklären. Bei manchen Menschen spüre ich, wenn sie krank sind oder Probleme irgendwelcher Art haben. Ich weiß, ich werde immer versuchen zu helfen, wenn ich eine Möglichkeit finde.

Oft werde ich von Menschen, denen ich geholfen habe, gefragt, was sie mir schuldig seien.

„Nichts!", sage ich dann, denn es gibt mir selbst sehr viel Kraft, wenn ich helfen kann, und ich bin glücklich darüber.

Es gäbe noch so viel zu erzählen von merkwürdigen Erlebnissen, Zufällen, die keine waren, und Möglichkeiten, einander hier auf Erden Gutes zu tun und Liebe zu verbreiten, um somit den Himmel auf die Erde zu holen.

Es gäbe noch so vieles zu sagen, denn dieses Thema ist endlos.